Lotte Bormuth

Nach dem Regen scheint die Sonne

francke

Über die Autorin:

Lotte Bormuth ist eine der erfolgreichsten christlichen Autorinnen Deutschlands. In über 100 Titeln hat sie mit Lebensbildern und eigenen Erlebnissen vielen Menschen Trost, Freude und Glaubensmut vermittelt. 1945 als Flüchtlingskind nach Deutschland gekommen, engagiert sie sich heute für syrische Flüchtlinge in ihrem Umfeld.

Bibliografische Information Der Deutschen Nationalbibliothek. Die Deutsche Nationalbibliothek verzeichnet diese Publikation in der Deutschen Nationalbibliografie; detaillierte bibliografische Daten sind im Internet über http://dnb.dnb.de abrufbar.

ISBN 978-3-86827-715-9

35037 Marburg an der Lahn
Umschlagbild: © shutterstock.com / Beata Becla
Umschlaggestaltung: Verlag der Francke-Buchhandlung GmbH
Satz: Verlag der Francke-Buchhandlung GmbH
Printed in Czech Republic

www.francke-buch.de

Inhalt

Ein schönes Wunder

Ich bringe heute Morgen die Briefe in die Wohnung von Jens, die mir der Postbote ausgehändigt hat. Mit meiner Unterschrift musste ich den Empfang seiner Post bestätigen, denn es war ein amtliches Schreiben vom Gericht. Da unser Mieter nicht zu Hause ist, öffne ich mit dem Zweitschlüssel die Tür und lege ihm die Unterlagen auf den Tisch in seiner Wohnung. So hatte ich es mit ihm vereinbart. Seit über sechs Jahren wohnt er in unserem Haus und hat eine wunderschöne Zweizimmerwohnung mit Küchenzeile und Bad gemietet. Glücklich war er bei seinem Einzug, und seine Mutter half ihm, alles schön einzurichten. Aber heute bin ich beim Anblick der Räumlichkeiten entsetzt, schlimmer als bei Hempels unterm Sofa. Jens hatte vor ein paar Tagen mit seinen Kumpels eine Party gefeiert, bei der der Alkohol in großen Mengen geflossen war. Mehr als 40 leere Flaschen standen überall herum. Die jungen Männer müssen wie die Vandalen gehaust haben. Am schlimmsten sieht unsere schöne Haustür aus. Da muss einer mit Gewalt dagegengetreten haben. Sie ist sehr stark beschädigt. Je näher ich mir die Wohnung anschaue, desto mehr Schäden entdecke ich. Da liegen zerborstene Scherben rund um das schöne Glastischchen und einige total zerstörte Stühle. In solchen Situationen merke ich, wie viel Wut und Ärger in mir stecken. Bei diesem Chaos könnte ich explodieren. Außerdem frage ich mich zu Recht: Wer bezahlt mir nun den Schaden? Dies ist unser Haus und es sind unsere Möbel.

Ich hole den Schreinermeister und lasse mir einen Kostenvoranschlag machen. Über den Betrag bin ich entsetzt. Mehr als 600 Euro werde ich berappen müssen, denn es ist nicht nur das Glas des Fensters zerschlagen, sondern auch der Rahmen ist beschädigt. Dabei wird mir bewusst, dass ich von Jens keinen einzigen Cent bekommen werde. Seine Taschen sind leer und schon öfter haben wir ihm finanziell unter die Arme greifen müssen, wenn in seinem Portemonnaie nicht ein Euro mehr steckte. Der angerichtete Schaden ist wirklich sehr groß, und mir ist bange vor der hohen Rechnung. Nein, das darf ich mir nicht gefallen lassen. Ich werde Jens fristlos kündigen.

Als mich wenig später unser Sohn besucht, bespreche ich das Dilemma mit Johannes. Ich bitte ihn, mir ein Kündigungsschreiben aufzusetzen, denn er kennt sich in solchen amtlichen Angelegenheiten besser aus als ich. Aber Johannes sitzt mir schweigsam gegenüber. Erst nach einer Weile fragt er mich: „Mutti, was wird denn aus Jens, wenn du ihn auf die Straße setzt? Würde er eine andere Wohnung finden, oder entlässt du ihn in die Obdachlosigkeit? Draußen herrschen in der Nacht noch Minusgrade. Die Kälte könnte ihn das Leben kosten. Jens wäre nicht der Erste, der auf einer Parkbank oder unter einer Brücke erfroren ist."

Johannes hat recht. Zwei Stunden bewege ich die Frage: Wie gehe ich mit Jens um? Ich denke über dieses Problem nach und dann stehe ich mit meinen Gedanken vor Gott und bitte ihn um seinen Ratschlag. In der Konkordanz finde ich viele Antworten, die uns der Vater im Himmel zu diesen Problemen in seinem Wort gibt. Eine ganze Reihe von Bibelstellen sind hier angegeben über die Frage, was Gott über Fremdlinge und Arme sagt. Am meisten beeindruckt mich ein Vers im 5. Buch Mose. Dort heißt es in Kapitel 10,18: „Und habt die Fremdlinge lieb, denn ihr seid auch Fremdlinge in Ägypten gewesen.“

Nach Ägypten hatte es uns auf unserer Flucht 1945 nicht verschlagen, aber nach Breitenbach bei Bebra, in Hessen. Dort hatten uns Christen eine Küche und eine Kammer für unsere große Familie zur Verfügung gestellt. Sie waren in ihrem Haus sehr eng zusammengerückt, damit wir im Winter ein Dach über dem Kopf hatten. Ein großes Opfer hatte Gott ihnen abgefordert und Familie Becker hatte sich dem Auftrag ihres Vaters im Himmel nicht widersetzt. Sie hatten unsere große Familie in ihrem Haus aufgenommen, obwohl wir für sie sicherlich eine große Belastung waren.

Durch Opa Becker habe ich dann später zu Jesus gefunden, denn in seinem Wohnstübchen fand jede Woche eine Bibelstunde statt. Dieser wunderbare alte Christ hat mich mit jungen Leuten aus dem Bibelkreis zusammengeführt, und ich durfte eine klare Hinwendung zu Jesus erleben.

Viele Gedanken schwirren nun in meinem

Kopf herum und die Frage meines Sohnes lässt mich nicht zur Ruhe kommen, bis ich bereit bin, Jesus mein Jawort zu geben. Ich werde Jens nicht vor die Tür setzen, sondern ihn dazu bewegen, dass er eine Therapie macht, damit er eine Befreiung vom Alkohol erfährt und auch zu einem neuen Leben mit Gott findet. Auf meinem Schreibtisch liegt mein Gebetszettel und ich schreibe seinen Namen auf die lange Liste. Das Geld für die Renovierungskosten werde ich von meinem Sparbuch abheben. Der Ärger und die Wut haben jetzt keinen Platz mehr in meinem Herzen. Gottes Friede ist mir nun gewiss. Ich bin wieder die fröhliche Lotte und mir geht es gut.

14 Tage später werde ich aus meinem Mittagsschlaf gerissen. Jens und zwei andere Herren betreten unser Wohnzimmer. Der ältere von ihnen legt mir gleich zwei Dauerwürstchen auf den Schoß. Ich bin sehr erstaunt und bitte die drei, auf dem Sofa Platz zu nehmen.

„Frau Bormuth, wir haben ein Problem und möchten dies mit Ihnen besprechen. Jens hat uns von dem Schaden berichtet, den er bei Ihnen angerichtet hat. Ich bin der

Schwager von Jens und neben ihm sitzt sein Bruder. Jens ist verzweifelt, dass er Ihnen solche Unannehmlichkeiten bereitet hat. Wir möchten Sie bitten, dass Sie ihn weiter in seiner Wohnung lassen und ihm nicht kündigen. Er hat uns versprochen, dass er bei Ihnen keine Drogenparty mehr feiern wird; und auch kein Fest mit seinen Alkoholkumpanen. Wir haben uns in unserer Familie geeinigt, dass wir Ihnen gemeinsam den angerichteten Schaden bezahlen werden. Werfen Sie Jens nicht aus seiner schönen Wohnung. Was sollte sonst aus ihm werden? Wir haben schon mit der Klinik Kontakt aufgenommen. Er soll einen Alkoholentzug machen. Ein halbes Jahr wird er dort als Patient bleiben. Es fällt uns natürlich nicht so leicht, diese Zahlung zu übernehmen, aber Jens ist doch unser Bruder. Bitte, Frau Bormuth, kündigen Sie ihm nicht. Sagen Sie uns, was die Reparaturen kosten werden."

Ich nenne die Schadenssumme von 637,40 Euro und bin auch mit einer Ratenzahlung einverstanden. Die erste Rate soll ich noch in dieser Woche erhalten. Das wird mir zugesagt. Bevor sich unser Besuch verabschiedet, kommt Jens auf mich zu und bittet mich um

Verzeihung. Fest drücke ich ihm die Hand. So ist Versöhnung, so muss der wahre Friede sein.

Es dauert nicht lange, bis der komplette Rechnungsbetrag von dieser Familie eingeht. Sie ist sogar bereit, seine Wohnung zu entrümpeln und die Zweizimmerwohnung zu streichen. Sogar die Haustür und andere Schäden werden von ihr repariert. Ich kenne sein neues Zuhause kaum wieder. Sogar neue Möbel werden hereingetragen. So kann eine Familie zusammenstehen. Das ist für mich ein Wunder.

Ein wunderschöner Tag

Das war heute ein großes, herrliches Erleben. Wie habe ich gebangt, ob unser Enkel die Prüfung bestehen würde; denn die Anforderungen an der Universität sind sehr hoch. Ich war so glücklich, als ich erfuhr, dass der Prüfling nun wieder einen Schritt weitergekommen war und nun als Arzt arbeiten wird. Wer so viele Kinder, Enkel und Urenkel hat wie wir, wird sehr oft für Prüfungen beten müssen. Aber dann steigt auch der Dank zu Gott empor, der bei diesem Examen der Ratgeber und Helfer gewesen ist. Heute werde ich für den Ehemann meiner Enkelin einen Gruß mit reichem Inhalt abschicken. Mich freut es schon jetzt, wenn ich daran denke, wie groß seine Freude sein wird, wenn er den Briefumschlag öffnet, denn die junge Familie mit zwei Kindern kann die Unterstützung gut brauchen.

Aber das war erst der Anfang meiner Freude am heutigen Tag. Ich war gebeten worden, in dem schön gelegenen CVJM-Heim in Altenstein ein Frauenfrühstück zu halten. Zunächst war ich über den Termin in der Karwoche etwas betrübt. Wer wird diesen Tag der Verkündigung überhaupt wahrnehmen? Es sind gerade Osterferien, und viele Familien lockt es sicher mit ihren Kindern in den Urlaub. Außerdem ist die Woche vor Ostern mit viel Arbeit für die Hausfrau verbunden. Auch sind überall in den größeren Städten Konzertveranstaltungen angesagt. Ich werde nur vor sehr wenigen Frauen meinen Vortrag halten können. Lohnt sich da mein Anfahrtsweg von drei Sunden überhaupt? Doch dann wurde ich total überrascht. Um neun Uhr war das Frühstück angesetzt, und schon um acht Uhr fuhren die ersten Autos vor. Von weither waren die Besucher angereist. Als ich den Ort Mellrichstadt vernahm, fragte ich eine junge Frau, wie weit diese Stadt von Altenstein entfernt sei. „Wir sind vor einer dreiviertel Stunde abgefahren und möchten uns einen guten Platz sichern."

Nur einige Minuten später setzte ein heftiger Andrang ein. Ist es möglich, dass sich so viele Frauen in dieser Woche vor Ostern die Zeit zum Vortrag nehmen? Ich bin schon etwa acht bis zehn Mal hier eingeladen worden, aber so voll war der Saal noch nie. Immer mehr Stühle mussten an die Tische gestellt werden. Die Zahl der Ankommenden versetzte mich ins Staunen. Viele begrüßten mich herzlich und sagten mir: „Frau Bormuth, auf Ihren Vortrag freuen wir uns. *So ist Versöhnung,* dieses Thema passt in unseren Alltag. Solch ein Wort in der Verkündigung haben wir doch alle nötig; denn in unseren Beziehungen in den Familien zu unseren Männern, Kindern und Verwandten ist oft der Wurm drin. Es gibt so viel Streitereien mit Nachbarn oder einst lieben Bekannten. Wie belastend sind Erbstreitigkeiten und Auseinandersetzungen am Arbeitsplatz. Wir warten sehnsüchtig darauf, was Sie uns zu diesem Thema berichten werden."

Eine Gesprächspartnerin erzählte mir schon während des Frühstücks, wie schwer es ihr falle, sich mit ihrer Schwiegermutter auszusöhnen. Eine andere beklagte sich über ihre Chefin im Büro, die jedes kleine Vergehen mit Demütigungen bestraft. Gerade wenn der Stress und die Arbeit drängen, bleibt es nicht aus, dass auch Fehler gemacht werden.

Als ich nach dem Essen auf dem Podium stand und in viele erwartungsfrohe Gesichter schaute, war ich begeistert. Etwa 140 Gäste waren gekommen, so viele wie noch nie. Dabei hatte mich zuvor die Angst gepackt, ich müsste vor leeren Stühlen sprechen. Aufmerksam hörten die Besucher zu und es herrschte eine große Stille. Ich musste mir sagen: „Lotte, es hat sich wirklich gelohnt, dass du dieses Thema ausgewählt und fleißig darüber gearbeitet hast."

Nach dem Schlussgebet folgte lauter Applaus und viele drängten an den Büchertisch. Sie wollten die neuesten Exemplare kaufen und drückten mir die Hand. „Heute haben Sie gerade meine Probleme angesprochen. Ich weiß jetzt, bei wem ich mich entschuldigen werde. Mein Leben muss ich in Bezug auf meine erwachsenen Kinder total ändern. In ihre Ehen darf ich nicht weiter hineinreden, wenn ich im Frieden leben will." Das Wort Gottes hatte viele Anwesende ins Herz getroffen. Eine Reihe von ihnen bedankte sich bei mir. Gerne nahm ich diese Anerkennung an und gab diesen Dank an Gott weiter, der durch seinen Heiligen Geist Herzen zum Guten bewegte. Es ging mir nicht darum, dass ich Lob erhielt, sondern dass Menschen sich von Gott in ihren Entscheidungen prägen ließen.

Während ich dies niederschreibe, wird mir bewusst, wie oft ich schuldig werden kann. Dabei werde ich an ein Erlebnis mit unserem Jüngsten erinnert, der mir manchmal Widerworte gab. Eines Morgens fand ich einen Zettel unter der Schlafzimmertür. Darauf stand: „Bitte, Mama, verzeih mir! Ich will mich verbessern." Das habe ich dann auch gern getan.

Aber zurück zu meinem Versagen: Gerade bei den langen Strecken, die wir zurücklegen müssen, rede ich meinem Mann während der Fahrt dazwischen und sage immer wieder: „Fahr langsam, Karl-Heinz. Überhol die langen Laster nicht. Bleib lieber hinter dem roten Lastkraftwagen, der mit neun nagelneuen Autos beladen ist." Wie irritierend ist es für einen Fahrer, wenn er dauernd neue Befehle erhält.

Geduld ist wirklich nicht meine Stärke. Obwohl ich den Führerschein gleich bei der ersten Prüfung in die Hand gedrückt bekam, bin ich danach höchstens zehn Kilometer gefahren, und das auch noch sehr schlecht, sodass mir mein Mann sagte: „Lotte, lass die Finger vom Auto. Ich fahre dich bis ans Ende der Welt, aber setz dich nicht selbst ans Steuer."

Heute bin ich froh, dass ich seinen Rat befolgt habe. Mir tut nur der hohe Betrag von über 500 DM leid, den ich damals für den Führerschein in den Sand gesetzt habe. Ich staune, dass ich trotzdem die schriftliche und praktische Prüfung geschafft habe. Die Wirklichkeit auf der Straße sieht aber anders aus und ich muss denken: Ich habe wohl bei der Fahrprüfung unglaubliches Glück gehabt. Ruhe und eine gute Konzentrationsfähigkeit hat mir Gott an diesem Morgen gegeben.

Für mich ist es immer ein Geschenk, wenn wir nach langen Fahrten gut zu Hause ankommen. Dankbar bin ich auch, wenn ich unsere Wohnung heil antreffe. Unsere zehn Flüchtlinge sind es nicht gewohnt, die Türen zu schließen und die Lampen abends wieder zu löschen. Bevor ich wegfuhr, habe ich einem der Somalier einige klare Anweisungen gegeben. „Mustafee, du bist jetzt Präsident von unserem Haus. Mama und Opa – so nennen uns unsere jungen Männer – fahren zwei Tage weg. Mach immer die Tür zu und Licht aus!" Unser Präsident – so musste ich ihn nennen, denn seine Deutschkenntnisse sind noch nicht so gut – hatte seine Sache gut gemacht. Alles war in Ordnung. Die Haustüre war wirklich zu und die Lichter auf den Fluren gelöscht.

Im Briefkasten lagen gleich mehrere Überraschungen für mich. Viele Ostergrüße erreichten mich. Liebe hilfreiche Worte und Gottes Segen erfüllten mein Herz mit Dankbarkeit. In einem Brief lagen noch fünfzig Euro als Geschenk. Daraufhin rief ich sofort unsere zehn Somalis und lud sie zum Osterfrühstück in unsere Gemeinde ein. Sie sollten die Botschaft von der Auferstehung hören und außerdem die Gastfreundschaft bei einem reichhaltigen Frühstück genießen.

Und dann ereignete sich noch etwas, das in mir eine große Freude auslöste. Ismael klopfte an meine Tür: „Mama, eine Junge ist gekommen und hat für dich gegeben eine Geschenk." Ich war total überrascht. Eine Leserin aus Thüringen hatte mir durch einen jungen Mann, der in Marburg Medizin studiert, eine Riesentüte und Blumen überbringen lassen. In einem Brief bedankte sie sich für meine Bücher, die sie sehr gerne liest und die ich ihr zugeschickt hatte. Darf ich Ihnen alles aufzählen, was in der Tüte war: Pralinen, ein gebackenes Osterlamm, eine rote Dauerwurst, ein Glas Thüringer Leberwurst und zehn Eier aus eigener Haltung. Ich fühlte mich reich beschenkt und konnte das Wunder kaum fassen. Ich rief die freundliche Geberin gleich an und musste ihr meine Freude mitteilen. So viele guten Gaben habe ich gar nicht verdient. Ostern wurde für uns auch zu einem kulinarischen Fest.

Dann erzählte sie mir: „Frau Bormuth, da ich weiß, dass Sie ehrenamtlich Flüchtlinge betreuen und ich nun die Gelegenheit habe, durch meinen Neffen einige Kleidungsstücke mitzugeben, wird er Sie bald aufsuchen. Hemden, Hosen, Pullover, Handtücher und Bettwäsche will ich Ihnen zukommen lassen. Meine Schränke sind zu voll. Einige gute Sachen passen mir und meinen Kindern nicht mehr. Ich werde endlich einmal aufräumen und Platz schaffen. Ich gebe diese Sachen gerne an Sie weiter."

War das nicht wunderbar? So würde ich bedürftige Menschen beglücken können. Auch dafür dankte ich meinem Herrn, der gerade die Flüchtlinge liebt. In meinem Abendgebet brauchte ich heute viel Zeit, um meine Danksagungen für einen solch gelungenen Tag in Worte zu fassen.

Die weiße Mauer

Das Jahr 1814 war in Deutschland von Krieg, heftigen Schlachten und vom Untergang vieler Dörfer und Städte gezeichnet. Feindliche Truppen rasten über unser Land, plünderten und zerstörten, was nicht niet- und nagelfest war. Wellen der Angst und Zerstörung bedrohten die Menschen.

In einem abgelegenen Dorf draußen auf einem Feld wohnte eine alte Großmutter mit ihrem Enkelsohn. Immer näher rückten die Krieger heran und die Bedrohung stand vor der Tür. In ihrer Not kniete sich die Greisin nieder und betete: „Vater im Himmel, Herrgott, Höchster im Himmel, baue um uns eine Mauer, damit wir nicht durch die Schwerter umgebracht werden. Wir wollen leben und nicht dem Verderben preisgegeben werden. Beschütze du uns, denn wir selbst können uns nicht vor dem Tod bewahren."

Der kleine Junge hörte das Gebet seiner Oma und war darüber verwundert. „Großmutter, so schnell kann doch Gott keine Mauer um uns bauen."

Am Abend schloss die alte Frau die Fensterläden und legte sich mit dem Kind nieder in der Gewissheit, dass der Herrgott ihnen Schutz und Hilfe sein würde. Sie wusste, dass sie gegen die Kriegsheere gar nichts ausrichten konnte. Aber unter der Obhut ihres himmlischen Vaters fand sie sogar zur Ruhe und konnte fest und tief schlafen.

Als sie mit ihrem Enkelsohn am Morgen aufwachte, war sie überrascht, dass sie die Fensterläden gar nicht öffnen konnte. In ihrer Kammer blieb es dunkel. Nur mit großer Mühe schuf sie sich einen Weg nach draußen, indem sie den Schnee zuerst in ihren Flur hereinschippte und sich so einen Pfad bis zu den Fensterläden bahnen konnte.

In dieser Nacht hatte Gott wirklich eine Mauer um ihr Häuschen gebaut, aber nicht aus Holz oder Steinen, sondern er hatte massenhaft Schnee aus den Wolken herabschütten lassen, sodass ihr kleines Heim von der weißen Pracht bis in die Höhe der Fenster zugedeckt war. Diese Großmutter war überrascht und entdeckte, wie ihr Nachtgebet erhört worden war. Gott selbst hatte eine hohe weiße Mauer um ihr Haus gebaut und sie blieb mit ihrem Enkelsohn wunderbar bewahrt.

Der Gründer der Heilsarmee

In Hamburg war ich zu Vorträgen und zu einem Frauenfrühstück für mehrere Tage eingeladen. In meiner freien Zeit wollte ich gerne die Heilsarmee kennenlernen, mit deren Leiter ich schon bekannt war. In Marburg hatte er eine längere Bibelfreizeit gehalten, die mir viel Segen bereitet hatte. So wanderte ich mit einigen Frauen dorthin zu einem Café. Wir tranken eine Tasse Kaffee bei den sogenannten Salutisten und unterhielten uns mit einigen Mitarbeitern und Gästen. Anschließend gingen wir zu einem großen freien Platz, auf dem das Evangelium verkündigt werden sollte. Eine stattliche Menschenmenge war dort schon versammelt. In einem Kreis stellten wir uns um den Redner herum und hörten gespannt seiner Andacht zu. Schon nach wenigen Worten hielt er inne. Unter den vielen Besuchern hatte er mich entdeckt und bat mich vor dem Publikum, nach vorne zu kommen. „Heute haben wir die christliche Schriftstellerin Lotte Bormuth aus Marburg unter uns. Sie wird uns das Wort Gottes verkündigen."

Ich wusste gar nicht, wie mir geschah, aber ich folgte seiner Aufforderung. Schnell schickte ich noch ein Stoßgebet zum Himmel und hielt dann eine Kurzpredigt. Mit lauter Stimme – man hatte mir auch ein Mikrofon um den Hals gehängt – erzählte ich von der großen Freude, die wir in der Begegnung mit dem Gottessohn erfahren können. Die Geschichte von der Heimkehr des verlorenen Sohnes war mein Thema:

Es gibt nichts Größeres und Gewaltigeres, als dass wir die Begegnung mit unserem himmlischen Vater erleben. Schon lange hält er Ausschau nach einem jeden von uns, sorgt sich um uns und will uns in seine Gemeinschaft ziehen. Er leidet mit uns, wenn wir ohne ihn unsere Tage zubringen, und wirbt um uns. Die Schuld und Sünde, die wir auf unserem Herzen tragen, will er uns vergeben. Seine Liebe führt uns in die Verbindung mit unserem Schöpfer zurück. Ich darf in herrlicher Freiheit und Gewissheit leben, dass er mir nicht nur hier auf dieser Erde das Lebensrecht gewährt, sondern für mich den

Himmel öffnet und ich sogar ewiges Leben empfangen werde.

Der verlorene Sohn hatte dem Vater den Rücken zugekehrt und sein ganzes Vermögen verprasst. Ihm blieb nur noch ein Leben in einem Schweinestall. In dieser Situation besann er sich auf etwas Besseres und sagte sich: „Wie gut geht es den Arbeitern meines Vaters zu Hause. Sie haben genug zu essen und sind geachtet. Ich aber komme in meiner Armut und in meinem Dreck um. Ich will mich aufmachen und zu meinem Vater nach Hause gehen und ihm sagen: ‚Vater, ich habe vor dir gesündigt und bin gar nicht mehr wert, dass ich dein Sohn heiße. Bitte, vergib mir mein schuldvolles Dasein und schenke mir wieder die Verbindung zu dir.'"

So wie hier der Sohn die Liebe seines Vaters erfährt, der schon lange nach ihm Ausschau gehalten hat, so dürfen auch wir die herzliche Liebe unseres heiligen Gottes erleben und in seinen Armen Zuflucht gewinnen. Unsere Vergehen will er uns verzeihen, weil Christus dafür sein Leben am Kreuz auf Golgatha geopfert hat. Wir dürfen in den Jubel einstimmen:

Sein Kreuz bedeckt meine Schuld,
sein Blut macht hell mich und rein.
Mein Wille gehört meinem Gott.
Ich traue auf Jesus allein.

Natürlich erzählte ich noch mehr. Ich berichtete unter anderem, wie ich in meinem Leben auf die Spur Jesu gekommen war. Die Umstehenden wollte ich für Christus anwerben. „Jesus will unser Heiland und Herr werden, und wir dürfen ihn heute aufnehmen in unser Herz."

Das war meine erste Begegnung mit der Heilsarmee. Ich durfte sie dann auch noch in Guben in Ostdeutschland und in der Schweiz besser kennenlernen. Das weckte in mir später die Frage: Wie ist dieses große, weltweite Werk entstanden, und wer war sein Gründer?

Die Heilsarmee hat ihren Ursprung im England des viktorianischen Zeitalters. In fast ganz Europa entwickelte sich eine kräftige Industrialisierung. Überall in den Ländern entstanden Fabriken, in denen zahllose Arbeiter viele Stunden am Tag schufteten. Ihr Lohn war meist nur gering und sie lebten in ärmlichen Gebieten der Großstädte in den sogenannten Slums. Was sie in den Fabriken erwirtschaften konnten, reichte fast nicht aus, um die allernötigsten Lebensbedürfnisse zu befriedigen. Es gab damals im 19. Jahrhundert, als der Kapitalismus aufkam, keine sozialen Absicherungen. Wurde ein Arbeiter krank oder erlitt er in seiner Fabrik einen Unfall, dann blieb für ihn keine andere Möglichkeit, als in einem schon total überfüllten Armenhaus um Aufnahme zu bitten. Meist aber landete er als Obdachloser auf der Straße und oft wurden diese Menschen auch kriminell. Sie waren mit ihren Familien dem Elend preisgegeben. Diese katastrophalen Zustände riefen William Booth zum Handeln auf. So wurde er der Gründer der Heilsarmee.

Seit 1886 ist die Heilsarmee auch in Deutschland vertreten. Weltweit nahm sie ihre Arbeit auf. Vor allen Dingen in Österreich und in der Schweiz hat sie viele Mitarbeiter gefunden. Die meisten „Soldaten“, wie sie genannt wurden, arbeiteten ehrenamtlich. In Deutschland erlitt die Heilsarmee durch den Beginn des Zweiten Weltkriegs einen herben Rückschlag. Ihre Tätigkeit wurde von den Nationalsozialisten verboten. Aber nach dem Untergang des Dritten Reiches nahm sie wieder ihre Arbeit auf. Ihre Mitarbeiter wurden auch in den Schulen tätig.

1990 blühte ihre Wirksamkeit auch in der früheren DDR wieder auf, nachdem sie unter dem sozialistischen System für einige Jahrzehnte verboten war.

Heute wirkt die Heilsarmee weltweit in 175 Ländern und wird von weit über 110 000 Helfern unterstützt. Sie betreuen Kinder in Waisenhäusern, kümmern sich um sozial schwache Schüler und ihre Familien und nehmen sich auch besonders der psychischen und behinderten Menschen an. In Krankenhäusern setzt die Heilsarmee Ärzte und medizinische Fachkräfte ein. Besonders kümmern sie sich um Aids-Patienten, betreuen Blinde und auch drogen- und alkoholsüchtige Menschen. Außerdem gehen sie in Gefängnisse und verkündigen dort das Evangelium. Diese Aufgaben werden größtenteils von Spenden und Stiftungen getragen. Viele Christen haben Patenschaften übernommen, um in Ländern der Dritten Welt armen Kindern eine Schulausbildung zu ermöglichen. Zu all diesen Aktionen tragen vor allem auch christliche Lieder bei, die diese Sammelaktionen auf den Straßen unterstützen. So wird die großartige Aufgabe der Heilsarmee von der tätigen Liebe vieler Christen getragen.

Der Gründer der Heilsarmee, William Booth, wurde am 10. April 1829 in recht ärmlichen Verhältnissen geboren. Sein Vater war Bauunternehmer, aber seine Geschäfte erfuhren Verluste und so ging es seiner Familie recht schlecht.

William Booth fand Kontakt zu den Methodisten. Als er 15 Jahre alt war, schloss er sich bewusst dieser Gemeinde an. So fand er bei ihnen seine geistliche Heimat. Zunächst erlernte er den Beruf des Kaufmanns. Später aber bewegte ihn der Gedanke, sich ganz in den Dienst Jesu Christi zu stellen. Er besuchte ein Predigerseminar und ließ sich zum Pfarrer ausbilden. 1855 wurde er zu diesem Dienst in der Gemeinde New Connexion ordiniert. 1855 heiratete er seine Frau Catharina Mumford, die ihn tapfer in seiner Gemeinde unterstützte, sodass er ein erfolgreicher Hirte dieser Gemeinschaft wurde.

Ihm lag es besonders am Herzen, Menschen zu Christus zu rufen. So ließ er sich noch zum Evangelisten ausbilden und wurde selbstständig. Er siedelte nach London über und wohnte fortan in dieser Hauptstadt.

Der 2. Juli 1865 ist der Gründungstag der Heilsarmee. Seine erste Predigt hielt William Booth in White Chapel im Bezirk Tower. So begann seine Arbeit in der Zeltmission, die sich dann in ganz England ausbreitete. Diese neue Aufgabe nahm sehr bald straffe, militärische Züge an und er wurde der erste General. Es war ihm ein Anliegen, dass sich seine Organisation besonders für die untersten sozialen Schichten seines Landes einsetzte. Viele dieser Menschen versuchten, ihre Probleme im Alkohol zu vergessen. Booth erkannte sofort, welch schrecklicher Feind diese alkoholischen Getränke besonders für die Männer wurden. So entschloss er sich, keinen Tropfen Wein zu sich zu nehmen, um den Alkoholikern besser helfen zu können.

Seine Schrift mit dem Titel „Im dunkelsten England und der Weg heraus“ fand weite Verbreitung. Gleich im ersten Monat wurden 100 000 Exemplare verkauft. Er wurde zum Ehrenbürger von London und zum

Ehrendoktor der Universität in Oxford ernannt.

In dieses wunderbare Erleben, dass sein Werk überall anerkannt wurde, traf ihn aber auch ein harter Schlag. Seine Frau verstarb schon sehr früh im Jahr 1890.

Bis ins hohe Alter reiste William Booth auf den Stationen umher, um seine Salutisten, wie die Soldaten genannt wurden, in ihrem Auftrag zu stärken. Es ist erstaunlich, wie oft er von Kaisern, Königen und Präsidenten eingeladen wurde. Er erhielt auch von ihnen Unterstützung, sodass seine Arbeit einen Aufschwung verzeichnen konnte.

In der Weihnachtsbotschaft von 1880 stellte er die Frage: „Ist weltliche Musik des Teufels? Ist das so? Nun, wenn es so wäre, dann würde ich ihn ausplündern. Der Teufel hat auf keine der sieben Noten ein Recht. Jede Note, jede Schwingung und jede Harmonie ist heilig und gehört uns. Weiht deshalb eure Stimme und eure Instrumente Gott. Holt eure Cornets, Harfen, Orgeln, Flöten, Geigen, Klaviere, Trommeln, und alles andere, das eine Melodie hervorbringt, und weiht sie alle Gott. Er möge sie gebrauchen, damit die Herzen vor Gott feiern können."

William Booth hatte sehr früh erkannt, in welch erschütternder seelischer Not viele Menschen waren. So kümmerte er sich besonders um die Randgruppen der Gesellschaft. Ihnen wollte er den Zugang zu Gott schaffen. Aus diesem Grunde sagte er: „Die Kirche muss zu den Menschen gehen." Er erkannte, dass es falsch war, in den wundervollen Kirchen auf den Sitzbänken zu hocken und darauf zu warten, bis die Menschen die heiligen Hallen betraten. „Christen gehören auf die Straßen und in die Zelte. Dort gilt es, das Wort Gottes auszurichten." Aus diesem Grunde nahm Booth seine Verkündigung in den Elendsgebieten auf.

Zunächst waren diese Armen den Kirchen gar nicht so willkommen. Es war vor allen Dingen seine Frau, die ihn auf diesen Straßenversammlungen unterstützte. Sie wurde auch bereit, zu predigen und vor allem die Frauen und die Jugend unter das Kreuz Christi zu rufen. Ihnen allen galt die Frohe Botschaft und sie sollten das Heil erfahren. So rief gerade seine Frau eine Erweckungsbewegung ins Leben, die dann später den Namen der Heilsarmee übernahm. Die Versammlungen fanden auf freien Plätzen, auf den Straßen, in den Tanzsälen, Theatern und Kneipen statt.

William Booth erkannte früh, wie wichtig gerade Frauen in der Verkündigung sind. So legte er fest, dass Frauen und Männer gleichberechtigt im Dienst für Jesus sind und auch den gleichen Status haben. Diese Entscheidung hat mir sehr gefallen.

Später, als seine Kräfte nachließen, ernannte er seinen ältesten Sohn zum General der Heilsarmee. Seine Tochter Evangelina wurde zur ersten Generalin in solch einem Amt ernannt. Auch seine anderen fünf Kinder nahmen leitende Funktionen in der Heilsarmee ein.

Am 20.8.1912 holte Gott seinen treuen Diener in seine neue Welt im Himmel heim. Beerdigt wurde er auf dem Friedhof Abney Park Cemetery in Stoke Newington. Heute arbeitet die Organisation der Heilsarmee in vielen Ländern.

Verfolgte Christen

Es ist uns ja im Neuen Testament angekündigt, dass uns als Christen auf unserem Lebensweg viele Mühen und Plagen auferlegt werden. Wir kennen die Berichte aus der Apostelgeschichte, wie Paulus und Silas in Philippi ins Gefängnis gesteckt wurden, und Petrus in Jerusalem, obwohl sie nichts Übles getan hatten. Oder wie Stephanus gesteinigt wurde.

Auch uns wird in unserer Zeit angesagt, dass der Kampf um das Evangelium entfacht ist. Mich hat eine Schlagzeile in der Zeitung erschüttert, in der es hieß, dass koptische Christen zur Zielscheibe der Gewalt geworden waren. In Ägypten wurden sie am Palmsonntag von verheerenden Bombenanschlägen heimgesucht. Feindlich gesonnene Muslime sagten den Gläubigen einen Todeskampf an. So erlebten zwei Orte die schlimmsten Terroranschläge der letzten Jahre. In Alexandria und Tanta, das im Nildelta liegt, geschah dieses verheerende Blutbad.

Während die Christen in Tanta in ihrer

Gemeinde Gott das Lob darbrachten, fiel plötzlich das Bild des Videos aus. Eine gewaltige Erschütterung und Explosion erfüllte die Kirche, in der die Christen am Palmsonntag 2017 die Botschaft der Bibel hören wollten. Welch eine Dramatik gerade vor dem größten Fest der Christen!

An den Wänden des Gotteshauses dröhnte die Detonation wider und erfasste Dutzende von gläubigen Kopten. Kurz darauf ereignete sich solch ein Unglück auch in Alexandria. Dort wollte ein Mann in die Kirche eindringen, in der das Oberhaupt der koptischen Kirche Papst Tawadros gerade die Messe hielt. Die Sicherheitskräfte, die sich vor dem Portal aufgestellt hatten, hielten den Terroristen von seinem Vorhaben ab. Darauf sprengte er sich vor dem Gotteshaus in die Luft und riss noch viele andere Menschen mit in den Tod.

Diese beiden schweren Angriffe forderten 45 Tote und noch viele Verletzte. Handys brachten diese Gräueltaten über das Fernsehen in die Wohnzimmer und Teestuben am Nil. Der Boden in der Kirche in Tanta und vor dem Eingang in Alexandria war mit Blut bedeckt. Überall lagen die Leichen von Männern, Frauen und Kindern. In großer Panik flohen die Überlebenden aus dem Gotteshaus. Gleich am Nachmittag reklamierte die Terrormiliz Islamischer Staat diese Bluttaten für sich. Die Christen waren zu einem Ziel für solch furchtbare Verbrechen geworden.

Genau vier Monate zuvor waren im Norden der Sinai-Halbinsel dreißig gläubige Menschen ermordet worden. In einem Zitat der Täter heißt es: „Wir werden mit Sprengstoff kommen und euch von eurem christlichen Glauben befreien. Deshalb rufen wir euch zu: ‚Seid nicht traurig! Wir sind berufen, euch aus der christlichen Gefangenschaft zu befreien.'"

Das ist schon eine heftige Kampfansage, nicht nur gegen die Millionen Christen im Land, sondern auch gegen die autoritäre Regierung des Landes, das von westlichen Politikern gern als dringend benötigter Stabilitätsanker mitten im Tumult arabischer Bürgerkriege bezeichnet wird. Wenn Ägypten wankt und nicht mit aller Härte gegen derartige Kämpfer vorgeht, wird dies in Berlin und auch in Washington Besorgnis auslösen. Für den Staatschef Abdel Fattah Al-Sisi sind die Terroristen in Ägypten ein riesiges Problem. Dies hat er auch der deutschen Bundeskanzlerin Angela Merkel noch vor einem Monat deutlich gesagt, als sie ihn in seinem Palast besuchte. Angesichts der Bedrohung durch den IS muss er als Staatschef hart durchgreifen. Es ist niemandem in Ägypten erlaubt, eine Kirche zu stören und Bomben zu werfen. Für drei Monate ordnete Al-Sisi den Ausnahmezustand an.

Das Problem mit den Terroristen lässt sich nicht so leicht in den Griff bekommen. Für uns Christen aber ist es wichtig, dass wir für die bedrängte Gemeinde in der Welt unsere Hände falten und intensiv um Gottes Frieden beten. Unser Herr Jesus möge bewahrend und helfend seine Hände über uns halten.

Gott für uns!

In diesem Jahr 2017 fand wieder die Gedenkstunde an den Tod Christi statt. In der neu gestalteten Stadthalle in Marburg. Über tausend Besucher waren zur Karfreitagsfeier anwesend. Einige mussten sogar auf dem Fußboden sitzen, weil die Sitzplätze nicht mehr ausreichten. Es war eine bewegende Gedenkstunde, die die Zuhörenden vor allem durch die musikalischen Beiträge erfreute und die gleichzeitig alle Besucher daran erinnerte, welch großes Opfer Jesus mit seiner Hingabe am Kreuz vollbracht hat.

Träger dieser Festveranstaltung war die Studien- und Lebensgemeinschaft Tabor in Marburg. Der große Projektchor „Night of the Hymns“ mit über fünfzig Sängerinnen und Sängern stand auf der Bühne. Sie nahmen die Gäste mit ihren geistlichen Hymnen rund um die Passion Christi in die Ereignisse dort auf dem Hügel Golgatha hinein. Unter dem Motto „Große Melodien – starke Inhalte“ will dieser Chor ein ganzheitliches Musikerleben darbringen und zugleich die

Besucher zum gemeinschaftlichen Singen einladen.

Die Lieder bewegten uns bis in unser Innerstes und stellten uns das Geschehen rund um die Passion und das Leiden des Gottessohnes vor Augen. Ergreifend waren auch die Texte aus den Evangelien, die gelesen wurden. Treffend waren sie ausgesucht, sodass jedem Besucher die Passionsgeschichte vor Augen geführt wurde.

Damit knüpften die Initiatoren an lange Traditionen an, denn diese Karfreitagsfeier wird in Marburg schon seit über 90 Jahren so veranstaltet. Auch im biblischen Impuls wurde den Gästen die tiefe unerschütterliche Liebe Gottes vor Augen gemalt. Besonders ging der Redner auf die Berichte ein, die uns die Stunde der Kreuzigung darstellten. Der Vorhang im Allerheiligsten im Tempel, zu dem nur einmal im Jahr am großen Versöhnungstag der Hohepriester mit dem Opferblut hineingehen durfte, zerriss von oben bis unten.

Ergreifend waren auch die Beispiele, die erzählt wurden. Von Menschen, die durch schreckliche Tiefen des Leides gehen mussten. So erwähnte der Redner u. a. einen jungen Straßenbahnfahrer, dem ein schreckliches Unglück widerfuhr. Ein kurzer unbedachter Augenblick führte zu einer Katastrophe, durch die 17 Menschen den Tod fanden und über 100 verletzt wurden. In einem Gerichtsurteil wurde er schuldig gesprochen.

Wie stark war dieser junge Mensch wohl von diesem Riss in seinem Leben betroffen. Aber auch ein solch schweres Versäumnis, das als ein Riss bis in die Tiefen der Seele eines Menschen dringt, darf Vergebung durch Jesus Christus finden. Jeder Mensch weiß um bedrohliche Schuld in seinem Leben. Keiner ist davon ausgenommen. Solche Belastungen machen uns das Dasein sehr schwer. Aber weil Gott für uns ist, wie das Thema der Karfreitagsfeier lautete, und Jesus, Gottes eigener Sohn, als Opfer für uns in den Riss trat, können wir neue Hoffnung gewinnen.

Besonders in dem Lied „Herr aller Hoffnung“ drang der Trost in unsere oft bekümmerte Seele. Unbegreiflich tief ist die Liebe des Erlösers, die er durch seine Hinrichtung am Kreuz vollbrachte. Der Karfreitag zeigt uns den notvollen Tiefpunkt in Jesu Leben, stellt aber zugleich unsere Tiefpunkte dar.

Wir wären sehr elend dran, wenn nicht einer in unsere Verzweiflung getreten wäre und uns den Trost des Wortes Gottes zugesprochen hätte.

So haben wir eine wunderbare Zukunft für unser Leben. Gottes Liebe will uns durch den Tod Jesu, aber auch durch seine Auferstehung an Ostern ganz nahe kommen. Gottes Liebe ist unerschöpflich und unfassbar, rettend und tröstlich.

Zum Schluss sangen wir mit über tausend Gästen gemeinsam mit dem Chor das herrliche Lied von Christoph Zehendner „Bist zu uns wie ein Vater".

Mein Erlöser lebt!

Im Jahre 1741 schlurfte ein recht gebeugter älterer Herr durch die dunklen Straßen von London. Es war der berühmte Musiker Georg Friedrich Händel. Geboren wurde er im Jahre 1685. Planlos und unruhig waren seine nächtlichen Spaziergänge. Oft war er verzweifelt und musste sich immer wieder zu einem hoffnungsvollen Leben durchringen. Ihm wurde von der oberen Schicht in England, von der er in früheren Jahrzehnten Anerkennung erfahren hatte, nun im Alter viel Ablehnung entgegengebracht. Er war in große Not geraten. Früher war er schöpferisch tätig gewesen, aber jetzt schien in ihm alles erloschen zu sein. Mit seinen fast 60 Jahren fühlte er sich gebrechlich und lebensmüde.

Plötzlich blieb er auf seinem Gang durch London vor einer Kirche stehen. Trübsinnige Gedanken stiegen in seiner Seele auf: Warum ist Gott mir so böse gesinnt? Erst schenkt er mir durch Heilbäder und frische Luft in Aachen Heilung von einer rechtsseitigen Lähmung, und nun stellt er sich mir in den Weg und vergönnt es mir nicht, Neues zu schaffen. Er dachte an den Aufschrei Jesu am Kreuz auf Golgatha: „Mein Gott, mein Gott, warum hast du mich verlassen?" Er fühlte sich auch so elend und kraftlos wie Christus und kehrte total hoffnungslos in seine Stube zurück.

Plötzlich entdeckte er ein dickes Paket, das auf seinem Tisch lag. Vorsichtig öffnete er es und war überrascht über den Inhalt dieser Manuskripte. Die Überschrift lautete: „Ein geistliches Oratorium." Ein Begleitschreiben wurde ihm auch zugestellt. Er aber konnte nichts damit anfangen, ja er wurde sogar ärgerlich, als er den Satz des Briefschreibers las: „Der Herr gab mir den Auftrag, dies zu tun." Was hat sich wohl dieser Mensch gedacht? War er vielleicht von Gott inspiriert? Der religiöse Stoff gefiel ihm überhaupt nicht, denn zu dieser Zeit fehlte ihm noch die Hingabe an Christus, den Erlöser.

Etwas nachlässig blätterte er in den Seiten herum, bis sein Blick auf eine Stelle fiel, auf der es hieß: „Er war verachtet und verschmäht von den Menschen ... er schaute um sich, ob nicht einer Mitleid mit ihm hätte, aber da war niemand, noch fand er einen, der ihn stärkte."

Nun war seine Neugier geweckt und mit innerer Anteilnahme las er weiter: „Er vertraute Gott ... und Gott ließ seine Seele nicht in der Hölle ... Er wird auch dir Ruhe geben."

Diese Botschaft passte genau in seine Situation. Die Worte wurden in ihm lebendig. Er musste weiterlesen und entdeckte den Satz: „Ich weiß, dass mein Erlöser lebt ... Frohlocke ... Halleluja!"

In einem Nu wurden in Händel wunderbare Klänge lebendig. Es war ihm zumute, als würde er göttliche Funken von oben verspüren, die sein Herz entzündeten. Sofort griff er zum Federhalter und begann zu schreiben. Immer mehr Noten brachte er zu Papier. Er konnte gar nicht mehr aufhören.

Am nächsten Morgen fand ihn sein Diener über den Schreibtisch gebeugt vor. Leise stellte er das Frühstückstablett auf den Tisch und verließ lautlos das Zimmer von Händel. Am Mittag hatte Händel noch kein Stück Brot gegessen. Nur manchmal griff er zu einer Schnitte, zerdrückte sie in seiner Hand und ließ sie dann zu Boden fallen. Er hatte nur einen Gedanken: Er musste Noten schreiben, Seite um Seite. Manchmal stand er auch von seinem Stuhl auf, streckte seine Hände gen Himmel und sang laut: „Halleluja! Halleluja! Halleluja!"

„So habe ich Händel noch nie gesehen", erzählte der Diener später seinem Freund. „Mein Herr starrte mich an, und doch sah er mich gar nicht. Er hat mir erzählt, dass sich vor ihm die Tore des Himmels aufgetan hätten, und Gott sei zu ihm gekommen. Ich habe Angst um meinen Herrn, dass er noch wahnsinnig wird."

Händel arbeitete 24 Tage, ohne zwischendurch zu ruhen und ohne Nahrung zu sich zu nehmen. Danach war er total erschöpft. Er warf sich auf sein Bett. Vor ihm lag die Partitur. Es war sein neues Werk „Der Messias".

Da London kein Interesse mehr an ihm zeigte, zog es Händel vor, mit seinem „Messias" nach Irland zu reisen. Dorthin hatte ihn die Bevölkerung eingeladen und so konnte er auch zum ersten Mal „seinen Messias" aufführen. Die Menschen waren von dem hochbegabten Musiker begeistert. Aber Händel wollte keinen Schilling für sein großartiges Werk haben. Der Ertrag für die Aufführung sollte den Armen zugutekommen.

Er selbst konnte dieses Wunder, das Gott ihm mit dem „Messias“ in seine Gedanken gegeben hatte, nicht fassen. Von seiner Verzweiflung war er durch dieses Oratorium befreit worden. Ein neues Leben war ihm geschenkt worden.

Erst ein Jahr später wurde dann der „Messias“ auch in London aufgeführt. Dabei ereignete sich etwas Großartiges. Als die Stelle vom großen Halleluja „denn Gott der Herr regiert“ ertönte, erhob sich der König und mit ihm die gesamte Zuhörerschaft. Bis zum Schluss dieses Chores blieben sie stehen. Seitdem ist es Sitte in England, das Halleluja immer im Stehen anzuhören. 34-mal wurde Händels Messias unter seiner Leitung aufgeführt.

Am Abend des 6. April 1759 – der Meister war inzwischen um Jahre gealtert – erlebte er zum letzten Mal sein eigenes Werk. Dabei erlitt Händel einen Schwächeanfall, als der Bass mit der Arie einsetzte: „Die Posaune wird erschallen!“ Der Meister war so ergriffen von ihrem Klang, dass er zu Boden stürzte. Seine Freunde brachten den schon lange erblindeten Musiker in sein Zuhause. Nur wenige Tage danach, es war ein Karfreitag, sagte er: „An diesem Tag möchte ich gerne sterben."

Und Gott schenkte ihm diese Gnade. Genau an dem Tag, an dem Jesus am Kreuz seinen letzten Atemzug aushauchte, starb Händel. Es war der 14. April 1759. Der große weltberühmte Meister durfte zu seinem Herrn im Himmel eingehen, der ihm sein Herz gewonnen und die Tore der Ewigkeit weit für ihn geöffnet hatte. Händel konnte nun hinausjubeln: „Ich weiß, dass mein Erlöser lebt!"

Eine unglaubliche Rettung

Von Oberstaatsarzt Meier will ich erzählen. Im Zweiten Weltkrieg war er an der russischen Front in Charkow eingesetzt. Die Zahl der verwundeten Soldaten wuchs von Tag zu Tag und er war im vollen Einsatz, um Leben zu retten. Die Behandlungen wurden immer gefährlicher, zu denen er von seinem Fahrer in die Nähe der Front gebracht wurde. Unter Lebensgefahr steuerte sein Adjutant den Sanitätswagen, der mit einem Rot-Kreuz-Zeichen versehen war und gar nicht hätte beschossen werden dürfen.

Plötzlich hörten sie beide ein störendes Geräusch. Es war undefinierbar. So hielt der Soldat den großen Wagen an, um nach dem Fehler im Getriebe zu suchen. Gemeinsam bemühten sie sich, ihn ausfindig zu machen, stellten den Motor ab und begaben sich unter den Wagen. Zum Glück war es nur ein kleiner Schaden, der schnell behoben werden konnte. Als sie wieder hervorkriechen wollten, erschütterte ein heftiger Knall die Luft. Kanonenschläge zertrümmerten ihr Auto. Der Arzt konnte das Unglück kaum fassen. Von ihrem Fahrzeug war nichts mehr übrig geblieben. Sie aber standen beide vor den Trümmern und konnten die Detonation nicht begreifen.

Sogleich wurde ihnen bewusst, wie nahe sie dem Tode gekommen waren. Und doch hatte Gott seine Hand über sie gehalten. Ihnen war außer dem Schreck gar nichts passiert. Die knatternden Geräusche ihres Motors hatten ihr Leben bewahrt. Beide Männer standen sprachlos vor den Trümmern des Fahrzeugs. Im Bewusstsein ihrer glücklichen Bewahrung fielen sich beide dankbar um den Hals. Nie mehr wollte Dr. Meier vergessen, welch wunderbares Handeln Gott an ihnen geübt hatte. Hier war ein Wunder geschehen, wie es größer gar nicht hätte sein können.

Dankbar erzählte er später seiner Frau, seinen Kindern und Kindeskindern von diesem einmaligen Erleben. Er durfte mit seinem Fahrer zu den Glücklichen gehören, die den brutalen Russlandfeldzug überlebt hatten. Das Psalmwort bewahrheitete sich in ihrem Dasein: „Lobe den Herrn, meine Seele, und vergiss nicht, was er dir Gutes getan hat.“

Ein besonderer Brief

Heute erreichte mich ein besonderer Brief. Ich war recht niedergeschlagen und meine Arbeit verrichtete ich nur mit bekümmertem Herzen. Schon seit mehreren Jahren bemühe ich mich um einen Obdachlosen, ihn auf die rechte Spur zu bringen, damit er dem Alkohol absagt. Aber ich konnte ihm doch nicht helfen. Er ist ein so liebenswerter Mensch, und wie gern sähe ich ihn auf einem guten Weg in der Nachfolge Christi. Gern lade ich ihn immer wieder in den Gottesdienst ein, aber manchmal wird er auch von seinen Saufkumpanen abgehalten, die ihn lieber in die Kneipe schleppen. Es ist für mich ein schier hoffnungsloses Bemühen.

Einmal sprach ich mit einem Chefarzt, der auch in unsere Gottesdienste kommt, über unseren Mieter und fragte ihn, ob er mir einen Weg zeigen könnte, wie Herr Lenzinger (Name wurde geändert) seine Alkoholsucht überwinden könnte. Dabei dachte ich an eine Therapie in einer Suchtklinik.

„Frau Bormuth, quälen Sie diesen Menschen nicht mit einer Einlieferung in die Klinik zur Therapie. Wer wie dieser Mann schon zweimal diese Hilfe gesucht hat und doch nicht von der Sucht frei wurde, sondern die Behandlung mittendrin abgebrochen hat, wird in seinem Alter auch ein drittes Mal diese Prozedur nicht durchziehen. Beten Sie für ihn. Wenn er zum Glauben an Christus findet, wird für ihn die Heilung einsetzen. Falten Sie Ihre Hände für ihn und ich schließe mich Ihnen an."

Dies war ein guter Rat, denn ich ärgerte mich oft über diese sogenannten Freunde von Herrn Lenzinger, die ihn immer wieder besuchten und ihn dann in die Kneipe mitnahmen. Dieses Gespräch mit dem Arzt aus unserer Gemeinde hat mich neu stark gemacht und in mir Mut gewirkt, für unseren Herrn Lenzinger zu beten und ihn niemals aufzugeben. Die Rettung für ihn ist möglich.

Und nun will ich auf das Geheimnis mit dem Brief zu sprechen kommen. Als ich ihn öffnete, konnte ich den Inhalt nicht begreifen. Ein großer Geldschein flog mir entgegen. So las ich:

*„Liebe Frau Bormuth,
herzlichen Dank für Ihre Bücher, die Sie mir zugeschickt haben. Ich habe mich sehr darüber gefreut. Heute noch werde ich zur Bank gehen und Ihnen das Geld überweisen. In meinen Umschlag lege ich eine kleine Spende ein. Gebrauchen Sie sie für einen bedürftigen Menschen. Mich freut es immer, wenn ich höre, wie Sie gerade Armen und Tippelbrüdern beistehen.*

Mit Ihnen fühle ich mich auch durch unser gemeinsames Los verbunden, denn auch meine Familie hat ein so schweres Schicksal erlitten, wie Sie es erfahren haben. Wir mussten unsere Heimat in Siebenbürgen verlassen. Als die feindliche Front näher rückte, wurden wir aufgefordert, uns sofort auf die Flucht zu begeben. Nur zwei Stunden blieben uns für unseren Aufbruch, denn der Feind war uns schon ganz nahe gekommen. Aus der Ferne hörten wir die Einschläge der Granaten und das Dröhnen der russischen Panzer.

Für meine Mutter folgte eine schwere Zeit. Sie musste diese notvolle Aufgabe allein bewältigen, denn unser Vater musste an der Front für Deutschlands Ehre kämpfen. Wir waren zu Hause vier Geschwister und alle noch recht klein. Meine Mutter war wieder schwanger und wurde durch die Flucht stark überfordert. Aber sie war eine tapfere Frau und musste schnell handeln. Aus dem Stall holte sie unsere beiden besten Kühe und spannte sie vor den Wagen. Nur wenige Habseligkeiten konnten wir mitnehmen, denn das Fuhrwerk durfte nicht überladen werden. So halfen wir Großen mit, das wenige Gepäck auf den Wagen zu packen. Ich war gerade mal elf Jahre alt. Dann verließen wir unser Dorf und schlossen uns dem langen Treck an, der westwärts fuhr. So kamen wir bewahrt vor feindlichen Übergriffen bis nach Ungarn. Von dort fuhren wir in großen Waggons weiter, bis wir in Deutschland in ein Lager kamen.

Dort hat uns auch unser Vater ausfindig gemacht, als sich der Krieg seinem Ende neigte und er sich von der Wehrmacht absetzen konnte. Wie sehr freuten wir uns, als wir ihn in unsere Arme schließen konnten. So blieb unserem Papa auch noch die Freude erhalten, die Geburt unseres fünften Geschwisterchens mitzuerleben. Schwere Jahre folgten für uns und manchmal litten wir auch Hunger. Aber nach und nach ging es in Deutschland aufwärts. Mein Vater fand Arbeit und so war unsere Geldnot gestoppt. Wir Kinder wuchsen heran und durften uns bei den Bauern ein kleines Taschengeld verdienen. Wir halfen auf den Wiesen, das Heu zu wenden, arbeiteten mit, wenn die Kartoffeln ausgerodet wurden, und standen auch während der Ernte auf den Roggenfeldern. Mit fünfzehn Jahren trat ich bei einer Firma die Lehre an und verdiente meinen ersten Lohn. Als ich meine Prüfung erfolgreich abgeschlossen hatte, wurde ich sogar von meinem Chef übernommen. Langsam, ganz langsam stieg ich die Karriereleiter nach oben. Nun bin ich älter geworden und erhalte eine gute Rente. Mit dem Verdienst meines Mannes können wir auch unseren Kindern beistehen und auch arme Menschen unterstützen.

Wer erst selbst einmal Not und Elend kennengelernt hat, weiß, wie nötig es ist, Hilfsbedürftigen unter die Arme zu greifen. Mich macht es immer froh, wenn ich Elenden helfen kann. Denn dazu fordert uns auch Jesus auf. Ein Wort der Heiligen Schrift ist mir dabei sehr wichtig geworden. In 5.

Mose 10,19 heißt es: „Habt die Fremdlinge lieb, denn auch ihr seid Fremdlinge in Ägypten gewesen." Gewiss waren wir jetzt nicht in Ägypten, aber in Ungarn, Österreich und auch in Deutschland haben wir viel Bedrängnis erfahren. Mit dieser Geldgabe im Brief wollte ich Ihnen eine Freude bereiten. Gerne habe ich es Ihnen in die Hände gegeben, zumal ich weiß, dass Jesus die Fremdlinge liebt und auch Sie immer wieder Flüchtlinge und Tippelbrüder in Ihr Haus aufnehmen."

Dieses Geldopfer konnte ich kaum begreifen. Es floss uns zu, als unser guter Herr Lenzinger die Treppe heruntergestürzt war und sich das Bein gebrochen hatte. Nach einiger Zeit im Krankenhaus wurde er wieder entlassen und mit einem Krankenwagen zu uns gebracht. Wir übernahmen nun seine Pflege. Das Laufen an Krücken hatte er schon in der Klinik gelernt, sodass er selbstständig das Bad aufsuchen konnte. Uns war jetzt klar, dass wir für seine Verpflegung sorgen sollten. Aber das fiel uns nicht schwer, denn wir müssen ja täglich für uns selbst kochen. Wo zwei satt werden, bleibt auch ein Dritter nicht hungrig. Dreimal am Tag brachten wir ihm das Essen.

Jetzt war es uns auch endlich möglich, seine Stube aufzuräumen, denn es sah bei ihm aus wie bei Hempels unter dem Sofa. Zunächst entsorgte mein Mann die Menge der leeren Flaschen, die überall in den Ecken herumstanden. Auch der Zigarettenasche, die den Weg in den Aschenbecher nicht gefunden hatte, rückten wir mit dem Staubsauger zu Leibe. Seine zerrissene Wäsche und kaputten Schuhe lagen haufenweise unter dem Tisch. So befreiten wir sein Zimmer von allem Müll. Jetzt sah es wieder wohnlich aus. Unser Freund schaute uns dabei zu und freute sich, dass alles aufgeräumt und geputzt wurde.

Das Zimmer war nach der gründlichen Reinigung kaum wiederzuerkennen. Herzlich bedankte sich unser Mieter für alle Mühe und vor allem für das gute Essen.

Im Grunde verlangt es gar keinen großen Einsatz, um einen Menschen glücklich zu machen. Wir luden ihn auch zum Osterfrühstück in die Kirche ein und gerne begleitete er uns. Er blieb auch anschließend zum Gottesdienst, in dem die Botschaft des Auferstandenen gepredigt wurde. Als der Pastor diese Worte in den voll besetzten Saal rief: „Christus ist auferstanden!“, riefen wir alle laut: „Er ist wahrhaftig auferstanden!“ Wie ganz anders hat Herr Lenzinger dieses Osterfest empfunden, als ihn Gottes Liebeswerben erreichte. Jedenfalls ernteten wir mehrmals ein herzliches Dankeschön aus seinem Munde. Als er nach dem Gottesdienst mit uns nach Hause fuhr und wieder aus dem Auto stieg, drückte er mir liebevoll die Hand.

Es gelingt mir nicht immer, Menschen zum Gottesdienst einzuladen, aber diesmal war es ein großer Erfolg. Denn außer Herrn Lenzinger kamen auch unsere Flüchtlinge mit zur Osterfeier in unserer Gemeinde. So war unser Osterfest gelungen.

Wenn Freunde zusammenstehen

Neulich wurde mir ein Zeitungsartikel zugeschickt. Da ich oft schon gehört hatte, wie sehr sich Klassenkameraden erbarmungslos und hässlich gegenüber anderen Schülern verhalten, haben mir diese Zeilen das Gegenteil bewiesen und mich sehr gefreut. Ich dachte: Das ist echte Kameradschaft und zeigt für einen Mitschüler sehr viel Solidarität.

Nach einer schweren Krebserkrankung mit anschließender Chemotherapie fielen einem Jungen sämtliche Haare aus. Die Überschrift dieses Zeitungsartikels lautete: „Haare ab für Max!“ An einer Schule in Hof spielte sich das Ganze ab. Für ihren krebskranken Freund ließen sich dreizehn Klassenkameraden von Max eine Glatze rasieren. Das war wirklich ein rechter Volltreffer und ein Zeichen herzlicher Gemeinschaft und Liebe für ihren Max. Den Anfang bei dieser Aktion machte Gilean Offial. Er hatte schon einen Termin beim Friseur gebucht und war der Erste, der seine Haare opferte. Der Friseur hatte zunächst Bedenken, ob dieser Fünfzehnjährige wirklich alle seine Haare abschneiden lassen wollte. Als dieser dies bejahte, machte er sich ans Werk, dachte aber, dies sei wohl die Einlösung einer verlorenen Wette. Seine Eltern hatte Gilean vorgewarnt. Diesen Entschluss nahmen Vater und Mutter zunächst nicht ernst. Aber als ihr Sohn glatzköpfig nach Hause kam und sie den Grund dieser Entscheidung erfuhren, fanden sie diese Aktion gut, zeigte sie doch die Anteilnahme ihres Sohnes am Leid eines Mitschülers. Mit dem Handy machte Gilean ein Glatzenfoto und schickte es an seinen gefährlich erkrankten Freund in die Klinik. Max freute sich darüber sehr.

Zunächst war es nicht gewiss, ob sich die übrigen zwölf Klassenkameraden dem Vorbild Gileans anschließen würden. Erst als das Foto von dreizehn glatzköpfigen Schülern die Runde machte, war Max sprachlos. Dieses Tun offenbarte echte Liebe zu ihm und eine wunderbare Klassenkameradschaft, denn diese schwere Krebserkrankung und der Verlust seiner Haare hatten ihn recht niedergedrückt.

Auch die Presse wurde auf diesen Vorfall aufmerksam und setzte in die Tageszeitung einen Beitrag mit dem Titel „Haare ab für Max!“ So sprach sich diese Geschichte bei den Lesern herum und löste Bewunderung aus. Sogar ein Mädchen in dieser Klasse ließ sich zwar nicht den Kopf ganz abrasieren, aber kürzte ihre schönen langen Haare aus Solidarität mit ihrem Mitschüler beträchtlich. Diese Aktion sorgte sogar für ein breites Medienecho. Die schwere Krebserkrankung hatte die Mitschüler und eine Mitschülerin von Max sehr betroffen gemacht. Sie ahnten, in welche Nöte ihr bester Freund durch die Chemotherapie gekommen war, und wollten ein Zeichen der Verbrüderung mit ihm setzen. Es war erstaunlich, dass sich die Eltern dieser Jugendlichen hernach mit dieser Entscheidung einverstanden erklärten. Das war Liebe von einer grenzenlosen und mitfühlenden Art.

Jonas, einer der Mitschüler, fand es selbstverständlich, sich diesem Tun nicht entgegenzustellen. Hätten seine Eltern es ihm übel genommen, dann hätte er mit einem Lächeln im Gesicht gesagt: „Papa, du hast doch auch eine Glatze und das steht meiner

Liebe zu dir überhaupt nicht im Wege. Denk daran: Max ist doch mein bester Freund."

Natürlich waren nicht alle Eltern von der Idee ihrer Söhne begeistert. Aber Jonas, der nicht zum Friseur gehen durfte, rasierte sich heimlich selbst die Haare ab, als seine Eltern nicht zu Hause waren. Natürlich zeigten sich Vater und Mutter geschockt, als sie ihren Sohn so kahlköpfig antrafen. Aber sie vergaßen ihren Ärger schnell, denn ihr Sohn sollte nicht als Außenseiter dastehen.

Als der Schulleiter das Foto dieser 14 Klassenkameraden von Max in der Tageszeitung sah, staunte er darüber, was aus Liebe und Solidarität heraus in seiner Schule geschehen war. Er war stolz auf seine Schüler, zumal sie eigenmächtig diesen Entschluss gefasst hatten. Aber inzwischen wachsen ihre Haare wieder nach und auch Max wurde wieder gesund.

Hilfreiche Gespräche

Heute ist der erste schöne Frühlingstag nach vielen nasskalten Tagen im März und April. Mein Mann und ich haben es uns auf der Terrasse bequem gemacht und genießen die Sonne. Über uns auf dem Balkon erblicke ich unseren neuen Flüchtling aus Eritrea. Wir grüßen freundlich nach oben und laden ihn ein, sich zu uns zu setzen. Er ist erst vor zwei Monaten bei uns eingezogen. Nun sitzen wir zu dritt beisammen und freuen uns über den herrlichen Frühlingstag. Ich staune über die guten Sprachkenntnisse von Ali, denn für die meisten Ausländer ist Deutsch eine schwierige Sprache.

Nun schenkt uns der Eritreer Einblick in sein Leben. Vor etwa drei Jahren ist der junge Mann zu uns nach Hessen gekommen und hat auch zugleich angefangen, in der Volkshochschule unsere schwere Sprache zu lernen. Dies ist ihm auch wunderbar gelungen.

Ali kommt aus einer kinderreichen Familie. Er ist mit drei Brüdern und vier Schwestern in diesem sehr schönen Land groß geworden. In seiner Heimat aber herrschen nun katastrophale Zustände. Er ist der Erste seiner Familie, der nach Deutschland geflüchtet ist. Einer seiner Brüder lebt augenblicklich in Amerika. Nur ab und an ist es Ali möglich, mit den Eltern in seiner Heimat zu telefonieren, da die Gebühren nach Hause recht hoch sind.

Hier in Marburg fühlt er sich oft allein gelassen. In seinem Geburtsort wurde er in einer christlichen Gemeinde getauft. Da aber die meisten Flüchtlinge aus Somalia und Syrien Muslime sind, findet er heute nur schwer Freunde unter ihnen. Zwischen dem Islam und den Christen herrscht viel Unverständnis. Das haben wir schon zu Beginn seines Einzugs bei uns verspürt. Es gibt große Widerstände zwischen den Völkern, und auch bei uns kam es zu Aufregung, da die anderen drei Mitbewohner auf dem Stockwerk Muslime sind.

Die Mieter aus Somalia haben mich sogar angefleht, diesem Eritreer wieder zu kündigen. Mit einem Menschen anderen Glaubens könnten sie sich nicht die Küche und das Bad teilen. Es folgte ein langes Gespräch zwischen uns, zumal sie noch ihre anderen Freunde aus

Mogadischu gebeten hatten, mich zur Ausweisung dieses Christen zu überreden. Die beiden Kulturen aus Eritrea und Somalia würden nicht zueinander passen.

„Das verstehe ich nicht", sagte ich ihnen, „denn die deutsche Kultur ist doch auch völlig anders als eure, und trotzdem hatten wir bisher mit euch zehn Flüchtlingen keine Schwierigkeiten." Ich hatte sogar den Eindruck, dass wir in den bisher zwei Jahren sehr gut zusammengewachsen sind, denn meinen Mann nennen sie Opa und mich Mama. Noch nie hat es einen Zwist miteinander gegeben. Ich hatte mit Ali auch einen Mitvertrag geschlossen, den ich natürlich nicht lösen werde. Er braucht genauso wie meine Somalier ein Dach über dem Kopf. Wir müssen in unserem Leben lernen, Frieden miteinander zu schließen und uns in dieser von Krieg und Terror erfüllten Zeit in Liebe einander zu begegnen. Es gilt, ein Zeichen des Vertrauens zu setzen und sich gegenseitig zu helfen, anstatt sich zu streiten. Dieses Verständnis müsste es uns möglich machen, in einem guten Einvernehmen miteinander zu leben.

Es gab ein langes Gespräch zwischen den

verschiedenen Nationen, aber es endete damit, dass alle damit einverstanden waren, im guten Einvernehmen in unserem Haus zu leben. Das gemeinsame Leben wurde miteinander bedacht und führte zu einem ruhigen, helfenden Austausch auch zwischen Muslimen und Christen.

Nun hoffe ich, dass die Liebe das Beständige unter unserem Dach bleibt. Krieg und Terror erleben wir jeden Tag im Fernsehen. Ich aber will Ruhe, Frieden und Freude genießen und Andersgläubige anerkennen.

Als wir vor zwei Jahren zehn jungen Somaliern eine Heimat bei uns anboten, waren die Mitbewohner in unserem Stadtteil nicht gerade begeistert, nun lauter schwarze Köpfe auf der Straße zu erblicken. Eine Frau, die noch nicht einmal in unserer Straße wohnte, war sehr erregt. „Wissen Sie, Frau Bormuth, wie viel Schwierigkeiten Sie in unsere so nette Wohngegend bringen? Diese Ausländer können eine Gefahr für unsere Kinder bedeuten. Wir haben viel Geld für unsere schönen Grundstücke bezahlen müssen und nun können wir uns durch Ihre schwarzen Flüchtlinge nicht mehr sicher fühlen."

Mir fehlten die Worte und ich konnte

vor lauter Erstaunen auf solch schwere Anschuldigungen nicht reagieren; denn bisher ist mir kein hässliches Verhalten von unseren Mitbewohnern bekannt geworden. Was hätte ich auch antworten sollen? So schwieg ich, denn ich weiß selbst, wie wohltuend freundliche Nachbarschaft ist. Aber ich sah auch die Not unserer Afrikaner, die aus ihrer Heimat haben flüchten müssen. Sie haben ihr Land, ihre Familie, ihre Freunde verlassen und sind über einen gefährlichen Seeweg nach Deutschland gekommen. All ihr Hab und Gut mussten sie zu Geld machen, um die Schleuser bezahlen zu können und um überhaupt Europa zu erreichen. Mehrere Tausend Menschen sind bisher im Mittelmeer sogar ertrunken, weil die Boote überfüllt und nicht mehr für den Gebrauch tauglich waren. Einige von ihnen haben Eltern oder Geschwister sterben sehen. Schreckliche Erfahrungen wurden mir schon erzählt, und diese Bilder wollen nicht mehr aus ihren Tag- und Nachtträumen weichen.

Nun hatten sie endlich das friedliche Deutschland erreicht und waren in unser schönes Marburg gekommen, da können sie doch wegen ihrer schwarzen Hautfarbe nicht abgelehnt werden. Sie brauchen eine Bleibe, wie wir auch. Wenn sie sich aber um ein Zimmer bemühen, wird ihnen dieses oft versagt. Hier in Marburg werden nämlich an der Universität Deutschkurse angeboten, die den jungen Farbigen den Weg in die Integration ebnen sollen. Wer die deutsche Sprache nicht beherrscht, wird nur schwer Arbeit und Brot finden.

Uns geht es in Deutschland sehr gut. Haben wir denn die Zeit des Zweiten Weltkriegs, der Bombennächte und des Flüchtlingselends vergessen, als 14 Millionen Menschen aus Ostpreußen, Schlesien, dem Warthegau und Pommern vertrieben wurden? Das frage ich mich zu Recht.

Ich denke selbst daran, als wir 1945 in Hessen auf Wohnungssuche waren. Wir erlebten damals das große Glück, dass uns in Bebra-Breitenbach eine Familie eine große Küche und eine Kammer anbot. Wie liebevoll wurden wir von diesen Christen empfangen und sogar wöchentlich zu ihrer Bibelstunde eingeladen. Oft fanden wir Obst und Gemüse aus ihrem Garten vor unserer Tür. Manchmal luden sie uns sogar zu besonderen Festen wie Weihnachten und Ostern in ihre Wohnstube ein und wir tranken zusammen Kaffee und aßen Kuchen. Ihre Liebenswürdigkeit hat in mir ein bedeutsames Zeichen gesetzt. So wollte ich auch handeln und Menschen, die in Not geraten sind, mit Liebe und Herzlichkeit begegnen.

Als unsere zehn Afrikaner bei uns einzogen, habe ich ihnen als Erstes zwei Worte auf Deutsch beigebracht: „Guten Tag!“ Mehrmals mussten sie diesen Gruß wiederholen. Ich bat sie, jeden freundlich zu grüßen, dem sie auf der Straße begegneten.

Dieser Gruß hat Wunder gewirkt. So sagte mir neulich eine Nachbarin: „Frau Bormuth, was haben Sie für nette Mieter. Sooft ich an ihnen vorbeigehe, grüßen sie mich und sagen ‚Guten Tag!‘ Neulich hat mir einer Ihrer jungen Leute geholfen, meinen schweren Koffer aus dem Auto zu heben und ihn mir ins Haus zu tragen.“

Auch Ali fühlt sich inzwischen sehr wohl bei uns. Der anfängliche Streit hat sich in Frieden verwandelt. Neulich schenkte ich ihm eine sehr gute Lederjacke, die er gerne anzieht. Es macht mir Freude, aufmerksame Menschen um mich zu haben, und gerne höre ich das Wort „Mama“.

Ali war so sehr über das Gespräch auf der Terrasse erfreut, dass er uns auch etwas Gutes tun wollte. Er lud uns zu einem Nationalgericht seiner Heimat ein. „Ali, denke daran, und streu nicht allzu viel Pfeffer auf das Reisgericht." Er lachte und versprach mir, darauf zu achten. Mir sind die Gespräche mit unseren jungen Ausländern sehr wichtig. Ich erfahre von ihnen Freude, wenn sie wieder eine deutsche Lektion begriffen haben, sehe aber auch ihre Traurigkeit, wenn schlimme Nachrichten über ihre Angehörigen aus Somalia sie erreichen.

Zwei unserer somalischen Frauen erwarten in Kürze ihre ersten Babys. In meinem Freundeskreis fragte ich nach Babywäsche und anderen Utensilien, die eine werdende Mutter brauchen kann. Dann erlebte ich ein Wunder. Vor zwei Tagen fuhr eine Frau aus einem Nachbarort mit ihrem BMW vor unser Haus. Unsere Afrikaner halfen beim Ausladen, denn das Auto war voll mit Sachen gefüllt. Unser Wohnzimmer sah aus wie eine Sammelstelle des Roten Kreuzes. Mir wurde angst und bange, als ich die Menge der Kartons sah. Kein Tisch, kein Stuhl und kein Sofa waren mehr benutzbar. Das ganze Nachbardorf hatte für die Kinder gesammelt, die nun bald erwartet werden. Ich rief unsere Mieter herbei. Innerhalb einer halben Stunde waren die wertvollen Sachen verteilt. Sogar einen wunderschönen Kinderwagen erhielt ich und freute mich darüber. Ist dies nicht wunderbar?

Psalmen, die mir bedeutsam sind

Nun liege ich schon fast vier Wochen in der Klinik und freue mich heute, dass ich in den nächsten Tagen nach Hause kommen werde. Meine Mitpatientin hat Besuch erhalten und ich erlebe zwischen ihnen eine frohe Begrüßung. Es ist ihr Kollege, der Studienrat für Musik war. Beide konnten viele Jahre an einem Gymnasium tätig sein. Sie unterhielten sich laut, dass ich jedes ihrer Worte verstand. Plötzlich hörte ich einen Satz von diesem Herrn, der in mir blankes Entsetzen auslöste:

„Nein, wenn ich in diesem Haus die vielen Bibelsprüche an der Wand sehe, packt mich die Wut. Hier ist man ja in jedem Zimmer von so scheußlichen Psalmsprüchen umgeben, die die tristen Wände schmücken sollen. Wie ich das hasse!"

Nun fühlte ich mich herausgefordert und redete diesen Herrn freundlich an: „Wie können Sie nur so etwas sagen? Es gibt in der Literatur nichts Schöneres als die Psalmen.

Oder können Sie mir andere Werke nennen, in denen ich solch tröstende Sätze vernehmen kann wie gerade in der Bibel?“

„Dazu werde ich mich nicht äußern“, erwidert mir der Besucher kurz angebunden.

Nun bin ich herausgefordert und antworte ihm: „Darf ich Sie auf die Schönheit gerade der Verse aus den Psalmen aufmerksam machen? Als ich in der Stunde der Not am Bett meiner verunglückten Schwester saß und sie um ihr Leben rang, empfand ich die schreckliche Bedrohung durch den Tod und nahm die Verse des 23. Psalms in mir wahr: ‚Und ob ich schon wanderte im finsteren Tal, fürchte ich kein Unglück, denn du bist bei mir.‘ Ich empfand die Tiefe des Grauens, die Düsternis des Todesschreckens und klammerte mich zugleich an die Wahrheit: *Denn du bist bei mir.* Es war mir zumute, als lege der Vater im Himmel seine segnenden Hände auf die tödlichen Wunden meiner Schwester. Ich begriff diese Zusage und spürte damals, dass Gott in der schwersten Stunde unseres Daseins an unserer Seite steht und uns seine tröstende Macht mitteilt. Ich liebe besonders den Psalm 23 in der Heiligen Schrift und vertraue diesem göttlichen Versprechen. Gott war auch am Krankenbett meiner Schwester und litt mit ihr. Und er bewirkte Heilung und Tröstung. Darin liegt die Größe der Psalmen, dass sie uns herausreißen aus Qual und Not und uns zu Lichtblicken werden. Gott möge auch Sie sein segnendes Wort in den Psalmen entdecken lassen. Das ist mein Wunsch für Sie."

Daraufhin wurde es still im Krankenzimmer. Mir gab dies die Gelegenheit, für diesen noch zweifelnden Studienrat zu beten, damit er doch die Freude der Psalmen kennenlernt. Ich werde diesen Lehrer in meinem Leben wohl nicht wiedersehen, aber auch er darf die Nähe des himmlischen Vaters und die Tiefe und Schönheit des göttlichen Zuspruchs erfahren. In mein Gedächtnis prägt sich sein Name ein und für eine gewisse Zeit werde ich auch für ihn meine Hände falten. Meine Gebete stehen unter der Zusage des Verses: „Rufe mich an in der Not, so will ich dich erretten, und du sollst mich preisen."

Erst im Nachhinein erfuhr ich, dass dieser Studienrat gerade seine Lebensgefährtin durch eine tödliche Krankheit verloren hatte. Gott will auch seine zerschlagene und wunde Seele heilen, wenn er sich ihm zuwendet.

Der Segen der Großmutter

Hier bei uns in Marburg ist die Wohnungsnot sehr groß. Über 27000 Studenten wohnen in der Universitätsstadt. Meist gründen sie Wohngemeinschaften, und für andere Menschen ist es dadurch schwer, eine Wohnung zu finden. So mancher wird obdachlos. So ist es auch Herrn Zimmermann ergangen.

Er kam aus Dresden und hoffte, hier eine kleine Wohnung zu finden. Drei Wochen blieb seine Suche ergebnislos. Nur in der Diakonie fand er eine Unterkunft für die Nacht. Aber schon morgens um neun Uhr musste er seine Schlafgelegenheit räumen und durfte erst wieder für die nächste Nacht wiederkommen. Das war natürlich keine gute Situation für ihn. Er redete mit der Leiterin des Sozialamtes, ob sie ihm nicht bei seiner Wohnungsnot helfen könnte. Diese Dame überlegte kurz und meinte dann: „Gehen sie zu Frau Bormuth nach Marburg-Cappel.

Diese Frau ist recht hilfsbereit. Irgendwo findet sie immer noch ein Plätzchen." So klopfte dieser Mann aus Dresden an unsere Tür. Er sah, dass gerade ein Möbelwagen vor unserer Tür stand, und gewann Hoffnung. Ich sprach ihn an: „Kommen Sie nur herein zu uns. In einer Stunde ist unser ehemaliger Mieter mit dem Ausräumen fertig. Dann zeige ich Ihnen das große Zimmer mit Bad und einer wunderschönen Terrasse: Sie sagen mir dann, ob Sie Interesse daran haben. Es war einmal unser bestes Zimmer, das früher unserer großen Familie als Wohnzimmer gedient hat. Nach einer gewissen Zeit bauten wir aber an und zogen mit unseren fünf erwachsenen Kindern in den Anbau."

„Ja, ja das wäre sehr schön. Auf mich können Sie sich verlassen. Ich bin recht ordentlich und suche nun schon seit drei Wochen nach einer Bleibe."

Als der Möbelwagen abgefahren war, zeigte ich Herrn Zimmermann die Räumlichkeit. Er war begeistert, als er die neue Wohnung sah. „Ist das hier mit den drei Fenstern aber wunderbar hell! Und dann noch die herrliche Terrasse davor. Das Bad ist ja noch fast neu. Am liebsten würde ich gleich heute duschen. Bitte, nehmen Sie mich auf. Dürfte ich auch die Möbel benutzen, die hier stehen?" Das erlaubte ich ihm gerne.

Nach langem Suchen war er endlich erfolgreich geworden. Ich füllte ihm seine Mietbescheinigung gleich aus und unser neuer Mitbewohner strahlte über das ganze Gesicht. Die fehlenden Sachen wie Bettwäsche, Handtücher und eine neue Matratze brachten wir dann später noch. Als alles eingeräumt war, kam er nochmals zu uns. Wir boten ihm Tee und Gebäck an. „Ich darf doch sicher schon heute Nacht hier schlafen. Meinen Rucksack habe ich mitgebracht und als Erstes will ich ins Bad gehen und mich duschen. Ich danke Ihnen sehr herzlich, dass Sie mich aufnehmen; denn ich war schon ganz verzweifelt, ob ich in dieser Stadt eine Wohnung finden würde."

Es wurde für uns noch ein langer bewegter Abend. Herr Zimmermann erzählte uns, dass er nicht länger in Dresden hätte bleiben können. Er litt unter der Enttäuschung, dass seine Frau sich von ihm getrennt hatte. Die drei Kinder wurden ihr zugesprochen. Er fühlte sich einsam und versuchte im Alkohol seine Probleme zu ertränken. Zu spät merkte er, dass er zum Alkoholiker geworden war. Lange Nächte verbrachte er mit seinen Kumpanen in den Kneipen. Als sich seine beiden Töchter und der Sohn von ihm lossagten, merkte er, auf welche Abwege ihn der Schnaps gebracht hatte. Er suchte Hilfe in einer Einrichtung des Blauen Kreuzes, die sich um suchtkranke Menschen kümmert. Sechs Monate verbrachte er dort und hatte es seitdem geschafft, keinen Schluck Alkohol mehr zu trinken.

Was ihm besonders dabei half, waren die Mitarbeiter des Vereins, die ihn liebevoll betreuten und ihn auch mit der heilenden Botschaft der Bibel bekannt machten. In einem langen Beichtgespräch mit dem Vorsteher dieser Blaukreuz-Arbeit, einem Pfarrer, wurde er bereit, in die Nachfolge Christi zu treten. Dieser Seelsorger betete mit ihm und lud ihn dazu ein, regelmäßig die Gottesdienste zu besuchen. Das neue Leben mit Jesus brauchte eine kräftige Ermutigung. Das war auch bei Herrn Zimmermann maßgebend. Und so beschloss er, sich nach Beendigung der Suchttherapie von seinen alten Saufkumpanen zu lösen und Dresden zu verlassen. Marburg sollte sein neues Zuhause werden.

Wir hörten ihm aufmerksam zu und mein Mann bot ihm an, am Sonntag mit uns zum Gottesdienst zu gehen. Diese Einladung nahm er gerne an. Für uns war es eine große Freude, dass er seinem Versprechen folgte. Als er nach dem Gottesdienst wieder im Auto saß, sprudelten diese Worte über seine Lippen: „Wie sehr würde sich meine Oma freuen, wenn sie mich hier in dieser Gemeinde sähe. Vielleicht kann sie aber vom Himmel herabschauen und erkennen, dass ihr Enkel auf einen neuen Weg mit Jesus gekommen ist."

Da wurde mir bei diesem einzigartigen Satz bewusst: Für uns war dies der rechte Mieter. So wollen wir ihn nicht nur gerne als unseren neuen Hausbewohner aufnehmen, sondern ihn auch bei seiner Lebensführung begleiten. Der Same, den seine Großmutter in ihren Enkel gelegt hatte, ist aufgegangen und hat Frucht bewirkt, die sich noch gut entwickeln soll. Welch großer Segen können Großmütter sein, die ihre Enkel Jesus vor Augen malen und sie mit ihren Gebeten auf einen hoffnungsvollen Weg ins Leben schicken.

Jesus hat gesagt: „Weiset meine Kinder,

das Werk meiner Hände zu mir.“ Wunderbar hat sich dieses Bibelwort erfüllt. Nun darf Herr Zimmermann in unserer Familie ein neues Zuhause haben und in unserer Gemeinde Schritte des Glaubens gehen.

Ein seltsames Schriftstück

Heute erhielt ich einen Brief, wie noch keiner je auf meinem Schreibtisch gelandet ist. Ein junger Mann, der mich unter dem Namen Jan anschrieb, aber keinen Nachnamen und keine Adresse angab, teilte mir Folgendes mit: Aus einem meiner Bücher, das ihm geschenkt wurde, habe er von meinem Dienstauftrag in der Telefonseelsorge erfahren und gesehen, wie vielen Menschen ich geholfen hätte. Auch in finanzieller Hinsicht. Er habe ein recht schweres Leben zu bestehen, das ihn vor manche Konflikte stelle. Da ich schon vielen, die in Nöten steckten, meine Hilfe nicht versagt hätte, bitte er mich um Unterstützung. Ich sei ja eine Seelsorgerin, und er sei durch eine Nachzahlung, die sein Vermieter ihm in Rechnung gestellte habe, in einen finanziellen Engpass geraten. Wenn er nicht in einer Woche 659 Euro auf dessen Konto überweise, riskiere er den Verlust seiner Wohnung. Er würde nun darauf warten, dass ich ihm den angegebenen Betrag auf sein Konto überweisen möchte.

Solch eine Bitte war noch nie an mich herangetragen worden. Mir war das gar nicht möglich, da ich selbst nur eine Mütterrente erhalte, die recht gering ist. Einer beruflichen Arbeit wegen meiner fünf Kinder konnte ich nie nachkommen. So legte ich diesen siebenseitigen Brief unbeantwortet zur Seite, da mir ja auch eine Adresse fehlte und nur eine Kontonummer angegeben war.

Es vergingen einige Tage, da rief mich dieser namenlose Herr an und teilte mir seine große Enttäuschung mit. Sehnsüchtig habe er von mir auf das Geld gewartet. Ihm bliebe jetzt nur noch in seiner schrecklichen Geldnot der Selbstmord. Daraufhin entwickelte sich ein langes Gespräch zwischen uns. Ich versuchte, ihm Lösungen für sein Problem aufzuzeigen. Er solle seine Mutter fragen, ob sie ihm nicht beistehen könnte.

Er meinte, das sei möglich, aber das Geld würde sie ihm nur leihen. Er müsse es wieder zurückzahlen. Doch das wolle er nicht. Und so riet ich ihm, mit seiner Mutter eine Rückzahlung in kleinen Raten zu vereinbaren, aber damit war er auch nicht einverstanden.

Und doch müsste ihm dies möglich sein, denn Selbstmord sei keine Lösung seiner Konflikte. Um ihn auf diesem Weg zu ermutigen, erwähnte ich bei seinem nächsten Anruf ihm gegenüber ein Zitat von Martin Luther. In Luthers Schriften hatte ich gelesen:

„Mir ist es bisher wegen angeborener Bosheit und Schwachheit unmöglich gewesen, den Forderungen Gottes zu genügen. Wenn ich nicht glauben darf, dass Gott mir um Christi willen dieses täglich beweinte Zurückbleiben vergeben wird, so ist es aus mit mir. Ich müsste verzweifeln, aber das lasse ich bleiben. Wie Judas an einen Baum mich hängen, das tue ich nicht. Ich hänge mich an den Hals oder an den Fuß Christi wie die Sünderin. Und wenn ich auch noch schlechter bin als diese, ich halte meinen Herrn fest. Dann spricht er zum Vater: ‚Dieses Anhängsel muss auch durch. Es hat zwar nichts gehalten und alle deine Gebote übertreten, Vater, aber es hängt sich an mich. Was soll's. Ich starb auch für ihn. Lass ihn durchschlupfen.' Das soll mein Glaube sein."

Eine schaurige Nacht

Solch eine Nacht wie am 29. Juli dieses Jahres möchte ich nicht noch einmal erleben. Ich hatte mir mein linkes Bein gebrochen und lag im Diakoniekrankenhaus. Mindestens sechs Wochen durfte ich meinen Fuß nicht belasten. Um mein verletztes Bein war mir ein schwerer Schuh angelegt worden, auf dem der Name vacoped stand. Er reichte mir bis ans Knie und war innen weich mit Watte und Wolle ausgepolstert. Eng lag er auf meinem gebrochenen Bein.

An eine Nacht werde ich wohl ein Leben lang denken. Der gebrochene Knochen bereitete mir schreckliche Schmerzen. Außerdem war es ein heißer Tag im Juli mit weit über dreißig Grad. An Schlaf war bei mir nicht zu denken, und die nächtlichen Stunden wollten nur langsam vorübergehen. Die Hitze in dem gepolsterten Schuh war fast nicht mehr auszuhalten. Die Schmerzen kamen mir einer Folter gleich. Todunglücklich lag ich in meinem Bett und quälte mich durch jede Stunde.

Da kam mir der Bericht aus der Apostelgeschichte in den Sinn, in dem Paulus und Silas das Evangelium verkündigten und durch Gottes Heiligen Geist Menschen zum Glauben führten. Die Textilhändlerin Lydia war die erste Frau in Europa, die mit ihrem ganzen Haus Jesus Christus in ihr Leben aufnahm. Alle Bewohner in ihrem Haus konnten durch Paulus getauft werden. Aber dort, wo Gottes Wort auf fruchtbaren Boden fällt, steht plötzlich auch der Satan auf dem Plan und führt die beiden Jünger in schreckliche Anfechtungen.

Paulus und Silas wurden gefangen genommen. Man riss ihnen die Kleider vom Leib. Ein Tumult entstand und die erregten Bewohner von Philippi schlugen die beiden Jünger nieder. Sie wurden vor den Kerkermeister gebracht, der sie gefangen nehmen sollte. Ins innerste Gefängnis wurden sie geführt, nachdem sie vom Volk blutig geschlagen worden waren. Dort steckte man sie noch in eine Folterkammer. Furchtbar mussten Paulus und Silas unter dieser Qual leiden. Ihre Schmerzen waren unerträglich, und erst gegen Mitternacht fanden sie ihre Kraft wieder, dass sie beten konnten.

Ich empfand die Qual meiner Leiden ähnlich, so als stecke ich in einem Folterstiefel. Aber ich konnte nach Stunden der Not diesen beiden Jüngern folgen, und als der Tag nahte, begann ich Gott um Hilfe anzurufen und er erhörte mich.

Die Nachtwache kam ins Zimmer und merkte, wie sehr ich litt. Sie schraubte mir meinen schweren Stiefel ab, öffnete die Fenster weit und die kühle Luft tat mir sehr wohl. Ich atmete tief durch und bedankte mich bei der Krankenschwester. Sie gab mir noch eine Tablette gegen die Schmerzen, und ich konnte sogar zwei Stunden fest schlafen. Welch eine Wohltat erfüllte mich. Die grausige Nacht war vorüber.

Erst gegen Morgen zog mir die Schwester den Schuh wieder an, der mir zur Heilung diente. Gefreut hat es mich auch, dass ein sanfter Regen die Hitze am nächsten Tag vertrieb und die kommenden Nächte für mich erholsamer wurden. Solch schlimme Stunden habe ich in den folgenden 21 Tagen im Krankenhaus nicht mehr erlebt. Dafür dankte ich meinem Gott und fing nach sechs Wochen wieder an, das Laufen zu lernen.

Unser Irrweg

Der Verlag bat mich, eins meiner Bücher auf Band zu sprechen, denn viele Menschen, die im Alter nicht mehr gut lesen können, freuen sich über ein Hörbuch. In einem Studio in Frielendorf war für mich ein Termin vereinbart worden, wo meine Lebensgeschichte auf Band aufgenommen werden sollte.

Aber dieser Sonntag war nicht mein Tag. Vormittags sollte ich noch mit meinem Mann gemeinsam einen Gottesdienst halten und danach 40 Kilometer weiterfahren bis nach Frielendorf. Dort reihte sich ein Problem an das andere. Es war ein schwüler Mittag und im Auto herrschte drückende Hitze. Als wir Frielendorf erreichten, suchten wir die Adresse. Aber vergeblich. Die angegebene Straße konnten wir nicht ausfindig machen. An mindestens sieben Häusern klingelten wir und baten um einen Hinweis, wie wir diese Straße finden könnten. Doch niemand konnte uns helfen.

Ich wurde sehr aufgeregt, denn die vereinbarte Zeit hatten wir schon längst überschritten. Schließlich stand unser Wagen vor einem Bäckerladen, der geöffnet hatte. So baten wir den Chef, ob er für uns die angegebene Telefonnummer wählen könne, damit uns der Leiter des Studios hier abholen komme, denn wir waren verwirrt darüber, dass uns niemand den Weg zeigen konnte.

Schon nach 14 Minuten stand der Herr vom Tonstudio vor uns und erklärte uns, warum wir die Straße vergeblich gesucht hatten. Frielendorf war mit sieben anderen Dörfern zusammengelegt worden. Deshalb war den Bewohnern der einzelnen Orte der Straßenname nicht bekannt.

Der Herr vom Tonstudio fuhr uns voraus und so erreichten wir endlich total erschöpft das richtige Haus. Durstig und durchgeschwitzt war ich an diesem heißen Sommertag. Sogleich wurde mir ein Getränk angeboten. Das ließ mich neue Kraft schöpfen, und nach etwa zehn Minuten setzte ich mich vor den Aufnahmeapparat und begann mit meiner Lesung.

Glücklich war ich nicht über meinen etwas erschöpften Zustand. Ich vertraute aber dem Bibelwort, in dem es heißt: „Wenn ich schwach bin, dann bin ich stark in meinem

Gott.“ Ich hatte zuvor schon überlegt, ob ich den Termin noch einmal hätte verschieben sollen, um dieses Hörbuch besser aufsprechen zu können. Aber dieses göttliche Wort machte mich allmählich ruhig und gab mir viel Kraft.

Nach gut drei Wochen wurde mir die CD zugesandt mit dem Titel „Das große Lotte Bormuth Hörbuch“. Sofort spielte ich die Kassette ab und war überrascht, dass ich nicht einen einzigen schwerwiegenden Fehler gemacht hatte. Nun blieb mir nur der Dank, dass Gott trotz der mancherlei Schwierigkeiten meiner Aufgabe Gelingen geschenkt hatte. Jetzt kann ich meinen Lesern das Hörbuch anbieten, ohne dass ich Angst haben muss, es wären Versprecher zu entdecken. Mein Vater im Himmel hat mir wunderbar geholfen.

Zwei kleine schwarze, süße Köpfchen

Wie sehr freue ich mich darüber, dass wir ein Haus haben, in dem wir anderen Menschen eine schöne Bleibe bieten können. Inzwischen haben wir zehn junge Männer aus Somalia bei uns unterbringen können. Natürlich mussten wir eng zusammenrücken und unsere beiden Arbeitszimmer aufgeben. Im Wohnzimmer haben wir uns zwei Schreibtische einrichten können.

Mitten im Krieg wurden unsere Somalier von den IS-Truppen verfolgt und haben schrecklich unter dieser Not gelitten. Einige von ihnen mussten mit ansehen, wie ihre Angehörigen getötet und vergewaltigt wurden. Sie hatten aber nun in Marburg die Möglichkeit gefunden, an der Universität Deutschkurse zu besuchen. Gern bemühen wir uns, ihnen unsere deutsche Sprache beizubringen.

Inzwischen gelang es auch zwei von ihnen, ihre Frauen aus dem Kriegsgebiet herauszuholen. Etwa drei Jahre werden sie bei uns bleiben, zusammen mit ihren Männern. Beide Ehefrauen wurden schwanger und erwarten ein Baby. Inzwischen hat Anfang August Sadam das Licht der Welt erblickt. Trotz der schweren Notlage, die unsere Flüchtlinge früher durchstehen mussten, war bei dem Vater – Ismael – die Freude groß, seinen kleinen Schatz im Arm zu halten.

Heute kam die junge Mutter glücklich mit ihrem kleinen Sadam zu mir und legte mir ihren Säugling in die Arme. Immer wieder staune ich, welch ein Wunder solch ein Neugeborenes ist. Afrikanische Kinder in ihrer dunklen Haut und dem gelockten schwarzen Wuschelköpfchen sind wunderbar anzuschauen. Welche Zukunft liegt wohl vor diesem kleinen Geschöpf? In seinem Land herrscht ein schrecklicher Bürgerkrieg. Ich streiche über die Wangen von Sadam, berühre die kleinen süßen Fingerchen, lege meine Hand auf das Köpfchen des Jungen und segne den kleinen Liebling. Mit meiner Hand schlage ich das Kreuzeszeichen über seiner Stirn und bete: „Der Gott des Himmels sei dir gnädig und behüte dich in deinem Leben. Er werde dir zum himmlischen Vater und sei dir ein wunderbarer Beschützer."

Die Mutter sitzt in unserem Sessel und betrachtet mich in meinem Tun. So erkläre ich ihr noch: „Eben habe ich für dein Baby zu meinem lieben Gott gebetet." Mit meiner Hand zeige ich nach oben, denn diese Frau weiß, dass wir Christen sind, sie ist Muslima.

Arm sind diese Menschen durch die Kriegswirren geworden, als sie zu uns kamen. Ein kleiner Rucksack enthielt ihre ganze Habe. Wie glücklich waren sie, als sie bei uns wenigstens ein möbliertes Zimmer gefunden haben. Natürlich ist das Zimmer jetzt viel zu eng für drei Personen geworden, aber es war mir durch manches Telefonat möglich, bei meinen Freunden eine Zweizimmerwohnung mit Küche und Bad für sie zu finden. In zwei Monaten werden sie uns dann verlassen. Auch für das andere junge Paar ist es mir möglich geworden, bei unserem Sohn eine Wohnung zu mieten, und im nächsten Monat werden sie umziehen.

Während der Zeit, in der diese Menschen bei uns wohnen, sind wir uns sehr nahegekommen. Ich werde von ihnen Mama genannt. Glaubensgeschwister unterstützten die Flüchtlinge und brachten uns Kleidung, Babywäsche, Wickeltisch und sogar einen

Kinderwagen. Ich kann nur über ihre Hilfsbereitschaft staunen.

Als es bei Uban so weit war und der Geburtstermin immer näher rückte, kam ihr Mann Said ganz aufgeregt zu mir und sagt: „Mama, Baby bald da. Wasser kommt aus Bauch.“ Mir war klar, dass bei seiner Frau Uban die Fruchtblase geplatzt war. Schnell rief ich über den Notruf um Hilfe. Ich landete bei der Feuerwehr: „Einen Brand habe ich nicht zu melden, aber bitte helfen Sie mir. Ich brauche dringend einen Krankenwagen. Unsere Flüchtlingsfrau, die aber leider noch kein Deutsch spricht, erwartet ihr Baby. Sie muss dringend liegend ins Diakoniekrankenhaus gebracht werden.“

„Ja, in zehn Minuten ist der Rettungswagen bei Ihnen. Sagen Sie mir, wo Sie wohnen.“

Ich nannte meine Adresse, und wirklich, innerhalb kürzester Zeit fuhr der Krankenwagen vor.

Für mich aber begann das Beten, denn ich ahnte, wie schwierig eine Geburt sein kann, wenn die Mutter sich überhaupt nicht in unserer Sprache äußern kann. Es wäre das Beste, wenn der Arzt einen Kaiserschnitt durchführte, dachte ich bei mir.

So war es dann auch. Zwei Stunden später kam Said nach Hause und berichtete mir: „Aischa ist da. Bauch kaputt, alles gut." Ich atmete tief durch und freute mich über unseren neuen Erdenbürger. Dafür bringe ich Gott mein Lob.

Welchen Beruf sollen meine Kinder wählen?

Das ist oft keine leichte Entscheidung. Erst nach einer Reihe von Jahren erzählte mir mein Sohn, wie enttäuscht er von seinem Religionslehrer war. Medizin wollte er studieren, aber da machte ihm sein Lehrer durch eine schlechte Zensur einen Strich durch die Rechnung.

In einem langen Gespräch, das er mit Herrn Schmidt führte, sagte ihm dieser: „Ich weiß, dass du aus einem pietistischen Elternhaus kommst. Dein Vater und deine Mutter haben beide Theologie studiert und gehören einer Landeskirchlichen Gemeinschaft an. Es ist mir bekannt, dass du selbst eine Reihe von Psalmen auswendig gelernt hast und du auch täglich eine Andacht am Morgen hältst, damit du die Bibel immer besser kennenlernst. Ich freue mich auch über deinen Einsatz im christlichen Jugendkreis, aber deine Denkart in dem Fach Religion ist viel zu unkritisch. Ich kann dir keine bessere Note geben."

Verstanden hat unser Sohn die Argumente des Lehrers nicht, denn wie hätte er der Bibel kritisch gegenüberstehen können, die ihm doch zum größten Geschenk seines Lebens geworden war? Darin hatte er zum Glauben an Christus gefunden und die Freude und den wahren Sinn seines jungen Daseins. Er fand es ungerecht, dass ein anderer Klassenkamerad, der sich in der Heiligen Schrift kaum auskannte, aber heftige Zweifel an der Wahrheit des Gotteswortes hegte, eine weit bessere Note als er selbst bekam.

Für unseren Sohn, der ein Einser-Abitur angestrebt hatte, rückte nun die Möglichkeit, Arzt zu werden, in weite Ferne. Für das Studienfach Medizin war ein hoher Numerus clausus angesetzt worden. Er wollte nicht so lange auf seine Zulassung für dieses Fach warten, darum entschied er sich zu einem anderen: Betriebswissenschaft, was ihn auch interessierte, aber nicht sein Lieblingswunsch gewesen war. Diese Entscheidung fiel ihm nicht leicht. Erst später, als er schon in einem Finanzbüro als angehender Wirtschaftsprüfer arbeitete, hat er mir seinen Kummer erzählt. Aber darüber ist er nicht unglücklich geworden und gab sich mit seinem Beruf zufrieden.

Doch ich will noch ein anderes Beispiel anführen. Zwei unserer Söhne sind Pfarrer geworden. Auf einem Spaziergang kam ich mit unserem Jüngsten ins Gespräch und er berichtete mir, warum er sich für diesen geistlichen Beruf entschieden hatte. „Mutti, an dir habe ich mich orientieren können. Ich bewunderte besonders dein liebevolles, weites Herz für so viele Bedürftige in unserer Stadt. Oft kommen sie an deine Tür und bitten dich um eine Wohnung, weil es jetzt Herbst wird und sich die ersten Nachtfröste angesagt haben. Unter einer Brücke zu schlafen, könnte für sie den Tod bedeuten. Manche von ihnen sind krank, Aids und Hepatitis lasten auf ihrem Leben, aber vielfach sieht man es ihnen rein äußerlich nicht an. Ich habe es erlebt, wie du immer wieder ein Bett irgendwo aufgestellt und es mit warmen Decken bestückt hast, um einem Obdachlosen ein Zuhause zu geben. Ich kann mich nicht daran erinnern, dass du einen von ihnen abgewiesen hättest. Manchmal mussten sie auch zu zweit in einem Raum schlafen, wenn sie Freunde waren. Oft hast du auch mehrere Stunden an ihren Betten gesessen, wenn sie den Tod vor Augen hatten.

Einmal hat mein ehemaliger Lehrer von der Bibelschule in Hermannsburg mehrere Tage bei uns übernachtet. Er hat dieses ungezwungene, freundliche Miteinander der Alkoholiker und Obdachlosen gesehen. Beim Verabschieden drückte er mir fest die Hand und sagte nur: ‚Daniel, Ihre Mutter kann man nicht beschreiben, die muss man in Ihrem Haus erleben.' Wir wohnten Wand an Wand mit solchen oft ausgestoßenen Menschen, die nirgends sonst ein Zimmer hätten finden können. Es war bei uns wie in einer großen WG. Ich kann gar nicht mehr zählen, wie oft in der Woche bei uns im Bad die Waschmaschine lief und dann die Männer gerufen wurden, ihre saubere Wäsche im Garten aufzuhängen. Es war deine Liebe zu den Ausgestoßenen, Bedürftigen und Kranken, die mich entscheidend beeinflusst hat, Pfarrer zu werden und gerade den Armen und Hoffnungslosen die Botschaft des Evangeliums zu verkündigen."

Mir haben die Worte meines Sohnes wohlgetan, und ich habe mich besonders über das Wort aus Jesaja 58 gefreut, das mir zum Leitspruch in dieser Zeit geworden war, wo es heißt: „Brich dem Hungrigen dein Brot, und die so im Elend sitzen, führe in dein Haus. Und wenn du einen nackt siehst, so kleide ihn. Alsdann wird dein Licht hervorbrechen wie die Morgenröte und deine Besserung wird schnell wachsen, deine Gerechtigkeit wird vor dir hergehen, und die Herrlichkeit des Herrn wird dich zu sich nehmen."

Dankbar bin ich, dass das Wort von Gott mich über sechzig Jahre geprägt hat. So durfte ich meinen Kindern auch behilflich werden, den rechten Beruf zu finden. Nun begleite ich sie vor allen Dingen sonntags durch meine Gebete, wenn sie predigen, dass die Kirche gut besucht ist und sie das teure Gotteswort vollmächtig verkündigen.

Unsere diamantene Hochzeit

Heute feiern wir unser sechzigjähriges Ehejubiläum. Es war etwas schwierig, da ich mit einem gebrochenen Bein in der Klinik lag. An ein Fest, das ich wunderbar ausgestalten wollte, war nicht zu denken. Aber da traten unsere Kinder in Aktion. In der Klinik fragten sie den Chefarzt, ob sie in den Andachtsraum gehen könnten, um mit ihren Eltern, die nun 60 Jahre verheiratet sind, eine Feier zu gestalten. Ja, der Arzt freute sich sogar darüber und meinte: „So etwa muss man unbedingt feiern, das ist ja etwa ganz Besonderes." Es wurde ihnen erlaubt, und sie gestalteten für uns einen besonderen Gottesdienst.

Für ein gemeinsames Kaffeetrinken und Abendbrot mieteten sie in der Nähe der Klinik einen Raum. Mit einem Rollstuhl wurde ich von meiner Tochter dorthin gefahren. Alle unsere Kinder, Enkel und Urenkel waren zum Teil von weither angereist. Unser jüngster Sohn hatte Liedblätter kopiert. Am

Klavier saß unser Enkel Cornelius und begleitete den kräftigen Gesang. Ich habe gestaunt, wie wunderbar er das Klavierspielen gelernt hatte. Machtvoll klangen die Choräle, denn in unserer Familie wird viel gesungen.

Es war für mich ein bewegender Anblick, in einem so großen Kreis meiner Kinder diese Festfeier zu begehen. Wir waren über dreißig Personen und ich musste denken: Herr, wie reich hast du uns in unserer Ehe gesegnet. Tränen der Ergriffenheit und Dankbarkeit liefen mir über die Wangen. Als Predigttext hatte unser Sohn den Trauspruch aus Jesaja 54,10 gewählt: „Es sollen wohl Berge weichen und Hügel hinfallen, aber meine Gnade soll nicht von dir weichen und der Bund meines Friedens soll nicht hinfallen."

Ich wurde an den Tag unserer Hochzeit erinnert. Pfarrer Schnepel, der spätere Chef meines Mannes, hat uns eingesegnet und Worte voller Hoffnung für unseren gemeinsamen Weg in die Ehe gefunden. Ja, Gottes Gnade ist das Höchste, das uns durch unser Leben begleitet hat. Reich sind wir mit einer zahlreichen Kinderschar bedacht worden. In seine Predigt flocht unser Sohn viele Ereignisse aus unseren 60 gemeinsamen Jahren ein. So erzählte er, dass ich nach der ersten sehr schweren Geburt laut aufgestöhnt und zu meinem Mann gesagt habe: „Karl-Heinz, nie wieder ein Kind!“ Hernach wurden uns noch vier Söhne dazugeschenkt. Besonders hob er die erste Zeit unserer Liebe hervor. Durch das Erlernen der hebräischen und griechischen Sprache lernte ich Karl-Heinz kennen. Er half beim Lernen für die Hebräischprüfung, sodass ich sie bestand. Aber einen Tag vor dem Examen stellte mir Karl-Heinz die Frage, ob ich seine Frau werden möchte. Die schwere Zeit, in der ich mich mit diesen nicht leichten Sprachen herumschlagen musste, endete für mich in meinem schönsten Erleben, unserer Hochzeit.

Im Anschluss an unsere Trauung im Saal der Landeskirchlichen Gemeinschaft tranken wir mit acht geladenen Gästen Kaffee und fuhren anschließend zu meinen Eltern nach Breitenbach bei Bebra. Am Sonntag waren wir dann noch einmal zu einem Fest mit meinen Geschwistern beieinander.

Der Beginn unserer Ehe war sehr einfach und schlicht, aber doch schön, weil sie vom Wort der Heiligen Schrift getragen wurde.

Darüber sind nun 60 Jahre ins Land gegangen. Daniel fand in seiner Ansprache warmherzige Worte für uns. Neu wurde uns bewusst, wie schön es ist, in einer so herzlichen Verbindung alt zu werden.

Nun sind unsere Lebensräume kleiner geworden. Karl-Heinz ist 88 und ich 83 Jahre alt. Es ist ruhiger in unserem Haus geworden. Welch fröhliches Treiben fand früher in unserem eigenen Haus in Arolsen statt. Gott hatte uns dieses Heim geschenkt, in das wir jeden Samstag viele ausländische Gäste aus dem Goethe-Institut zu einem Bibelkreis einladen durften. Es war wirklich ein Bethaus vieler Völker geworden, wie es am Einzugstag in der Losung gestanden hat. Wir hatten auch noch einen Hauskreis mit jungen und älteren deutschen Menschen, und so wuchsen wir zu einer innigen Gemeinschaft zusammen. Uns war es immer ein Anliegen, dass Junge und Alte Christus kennenlernen sollten, damit sein göttliches Reich gebaut werde. Wenn es nun nach vielen frohen Begegnungen ruhiger um uns geworden ist, empfinde ich es als ein Gottesgeschenk, dass wir uns beide noch von Gott gebrauchen lassen können. Beten ist jetzt vor allen Dingen unsere Hauptaufgabe, und das hält uns frisch und lebendig.

In diesen schrecklichen Kriegszeiten hat uns der Herr eine besondere Aufgabe zugedacht: die ehrenamtliche Arbeit an den Flüchtlingen. Das ist eine frohe Aufgabe.

Aber es gibt auch so manche traurige Stunden, wenn unsere Freunde von ihrer Flucht erzählen. Dass es ihnen auf einer waghalsigen Fahrt über das Mittelmeer gelungen ist, ihr Ziel Deutschland zu erreichen, kommt einem Wunder gleich. Vielen Gefahren waren sie in einem schäbigen alten Kahn ausgesetzt gewesen. Nun dürfen sie hier bei uns in Deutschland etwas zur Ruhe kommen. Hier herrscht wieder frohes, interessantes Leben. Griesgrämig und mürrisch brauchen wir nicht zu werden. Wir haben keinen Grund zu klagen, sondern freuen uns, dass wir diesen Menschen fremden Glaubens Liebesdienste erweisen dürfen und ihnen unseren Gott nahebringen können. Wir helfen unseren Flüchtlingen auch, die schwere deutsche Sprache zu erlernen, und ihre Schulaufgaben werden oft von Karl-Heinz korrigiert.

Natürlich kommen unsere Somalier aus einer anderen Kultur. Seit sie bei uns wohnen, steht unsere Haustür oft Tag und Nacht offen. So war das bei ihnen in ihrer Heimat Sitte. Viele Häuser besaßen gar keine Türen, so erzählten sie uns. Die Angst, dass wir von Verbrechern ausgeraubt werden könnten, habe ich verloren. Wir versuchen aus allem, das nun so ganz anders verläuft, das Beste zu machen. Kostbaren Schmuck besitze ich nicht, und das Geld ist auf der Bank in sicheren Händen. An unseren vielen Büchern ist sicher kein Dieb interessiert.

In meinen manchmal schmerzlichen Erfahrungen, vor denen ich nicht verschont bleibe, erlebe ich dankbare Hilfe. Als ich neulich an der Außentreppe gefallen war und mir das Bein gebrochen hatte, eilten unsere Somalier mir zu Hilfe. Sie wählten die drei Stärksten in ihrer Mitte aus, die mich ins Haus trugen. Wer von ihnen darf zu seinem Umfeld so viele tapfere und kräftige Helfer zählen? Ich fühlte mich bevorzugt.

Mit einem Abschnitt aus Daniels Predigt zur diamantenen Hochzeit will ich schließen.

„Mein lieber Vater und meine liebe Mutter. Wir sind keine vollkommene Familie, und doch dürfen wir für eure Liebe dankbar sein. Das ist das Wunderbarste und Größte. Ihr habt uns nie in engen Grenzen gehalten, sondern uns schon früh losgelassen. Viele Reisen durften wir ins Ausland unternehmen, um die fremden Sprachen zu erlernen. Wir waren darüber nie ängstlich, weil wir uns gewiss waren: Zu Hause beten Vater und Mutter für uns. Das hat uns stark gemacht. Auch wenn wir nach dem Abitur in Brasilien, Taiwan, Thailand, auf den Philippinen und in Kolumbien zu missionarischen Einsätzen bereit waren, gaben uns eure Gebete den rechten Halt. So lernten wir früh die Freude kennen, christusfernen Menschen zu dienen."

Am Schluss seiner Predigt legte Daniel unsere Hände zusammen und sprach den Segen Gottes über uns aus. Das hat mich tief bewegt. So muss ich nicht ängstlich auf Schwierigkeiten schauen, die sich im Alter bemerkbar machen, sondern darf fröhlich dem großen Ziel entgegensehen. Gottes Herrlichkeit wartet auf uns Eltern, aber auch auf unsere Kinder. Auf ewig werden wir dann vereint sein.

Ein Heimgang zu Gott

Heute habe ich einer Familie mein Beileid ausgesprochen, deren Vater von Gott in die Ewigkeit abberufen wurde. Der Tod dieses alten Herrn ist mir sehr nahe gegangen, zumal ich mich mit ihm im Innersten verbunden wusste. Gemeinsam haben wir viele Gottesdienste in unserer Gemeinde erlebt. Sah mich dieser alte, gläubige Mann in der hintersten Reihe sitzen, dann kam er jedes Mal auf mich zu, reichte mir die Hand und wünschte mir Gottes Segen zum Besuch des Gottesdienstes. Seinen Gruß habe ich wohltuend empfunden und in Zukunft wird er mir sehr fehlen. Mit großer Dankbarkeit fühle ich mich auf dem Weg in der Nachfolge Christi mit ihm vereint.

Nun ist wieder ein Beter weniger in unseren Reihen. Herrn Latzke habe ich immer bewundert. Er machte nie viel Aufhebens von sich, war mir aber ein großes Vorbild in seinem Tun. Jahrelang saß seine Frau neben ihm, die schwer krank war und auch an Demenz litt. Seine Herzlichkeit und Geduld habe ich bewundert. Dann aber blieb eines Tages der Platz an seiner Seite leer. Er erzählte mir, dass sich ihr körperlicher Zustand stark verschlechtert habe und sie nun die Gottesdienste nicht mehr besuchen könnte. Aber auch in seinem Leben war nun die letzte Stunde seines Lebens gekommen. Wie ich von seiner Tochter erfuhr, war es augenscheinlich, dass Gott ihn in seine neue Welt abberufen würde. Aus diesem Grund versammelte sich die Familie noch einmal um sein Bett, um gemeinsam das Abendmahl zu feiern. Mein Glaubensbruder war vorbereitet, in die Herrlichkeit seines Vaters im Himmel einzugehen. Es wurde eine würdevolle Feier.

Als ich davon erfuhr, wurde mir das Herz schwer. Ich musste an eine besondere Situation in unserer Familie denken:

Seit zwei Jahren lebte unsere Mutter bei uns, weil es ihr gesundheitlich immer schlechter ging und sie dringend Hilfe brauchte. Sie war fast blind geworden und hatte auch einen Schlaganfall erlitten. Die linke Seite ihres Körpers war ganz gelähmt. Ich staune noch immer, in welch großer Geduld sie die Beschwernisse des hohen Alters ertragen hat. Sie wurde in unserer Familie gut umsorgt und auch meine Kinder trugen dazu bei, dass sie die Liebe ihrer Enkel wohltuend empfand. Vor allen Dingen war es Daniel, unser jüngster Sohn, der seine Großmutter sehr liebte und unter ihren Beschwerden stark gelitten hat. Kam er in den Semesterferien nach Hause, dann übernahm er oft ihre Pflege, damit ich entlastet war. Manchmal zündete er auf ihrem Nachtschränkchen eine Kerze an und sang ihr einen Choral nach dem andern vor. Mutter kannte alle diese Lieder und freute sich an ihnen.

Als ich ahnte, dass ihr Heimgang zu Gott näher rückte, wollte ich alle unsere Verwandten einladen, damit wir gemeinsam an ihrem Bett Abendmahl feiern könnten. So sprach ich mit meinen Geschwistern darüber und wollte einen Termin festlegen. Aber bei einer Anverwandten stieß ich auf starken Widerstand: „Lotte, das kannst du nicht machen. Abendmahl wird nur in der Kirche gefeiert, aber nicht am Krankenbett. Nein, das geht auf keinen Fall, sonst denkt Mutter, sie müsste bald sterben. Das dürfen wir ihr nicht antun."

Mir hat die Haltung dieser älteren Tante nicht gefallen. Aber da ich Zwietracht in der Familie vermeiden wollte, setzte ich mein Vorhaben nicht in die Tat um. Ich ließ mich einschüchtern und sah von einem gemeinsamen Abendmahl ab.

Im Nachhinein wurde mir meine Entscheidung schmerzlich bewusst. Ich habe meiner Mutter diese Liebestat versagt, die ihr in ihren schweren Leidenstagen Tröstung gegeben hätte. Mein Mann und auch meine Kinder hätten mich in meinem Tun unterstützt und wir hätten meiner schwer erkrankten Mutter die Einnahme von Brot und Wein unseres Herrn Christus als ein wohltuendes Abschiednehmen aus dieser Welt bereiten können. Schon in ihrer langen Leidenszeit war ihr der Gang zum Abendmahl in ihrer Kirche versagt geblieben. Warum habe ich diese würdige Feier im kleinsten Familienkreis abgesagt? Ich war an ihr schuldig geworden. Hilfe und Trost sind mir, dass mir Gottes großes Verzeihen gewiss ist.

Eine Kanne voll Erbsensuppe

Heute fiel mir ein Blatt in die Hände, das ich mit großem Interesse gelesen habe, zumal ich den Verfasser gut kenne. Aus der Zeit um 1945, als er als kleiner elfjähriger Junge auf der Flucht war. Er erzählt Folgendes:

Es war im Januar 1945, als sich Millionen von Menschen in Ostdeutschland auf die Flucht vor der russischen Front in den Westen begaben. Bitterkalt war der Winter. Minus zwanzig Grad zeigte das Thermometer an. Zur Familie gehörten die Mutter, zwei Großmütter und eine Tante mit drei Kindern. Die Russen rückten immer näher. Schrecklich dröhnten die Kanonengeschosse und die Menschen waren von Angst erfüllt. Plötzlich wurde die Bevölkerung in unserer kleinen Stadt alarmiert. Binnen zwei Stunden sollten sich alle am Bahnhof einfinden. Schnell packte Mutter das Nötigste zusammen und unsere Flucht begann.

Auf den Gleisen standen die Viehwaggons

schon bereit. Viele Menschen warteten auf den Abtransport und wurden hier in die engen Waggons gepfercht. Immer mehr wurden wir zusammengedrückt. Endlich setzte sich der Zug langsam in Bewegung. Nur wenige Stunden sollte diese Fahrt dauern, aber daraus wurden mehrere Wochen. Hunger, Durst und Kälte, dazu die entsetzliche Enge waren nun unsere Plagegeister. Eine Reihe von Flüchtlingen überlebte diese Strapazen nicht. Vor allem kleine Kinder und alte Menschen erlitten den Tod. Hielt der Zug einmal an, dann wurden ihre Leichname am Bahndamm abgelegt.

Als wir einmal an einem kleinen Bahnhof länger warten mussten, stieg ich aus und wollte mit meinem Kännchen an einem Wasserhahn das kühle Nass holen, denn der Durst war für uns unerträglich geworden. Ein russischer Offizier trat auf mich zu und sah mich mitleidig an. Plötzlich nahm er mein Gefäß in seine Hand und schüttete seine heiße Erbsensuppe, die seine Essensration für den Tag sein sollte, vollständig in meine Kanne. Sachte strich er mir über den Kopf. Dann lief ich, so schnell mich meine Füße tragen konnten, zu meiner Familie in den Waggon zurück.

Mir war nur bekannt, dass die feindlichen Soldaten uns Böses antun und uns sogar erschießen wollen. Aber jetzt machte ich eine andere Erfahrung. Hier auf dem einsamen Bahnhof begegnete mir ein Kämpfer, dessen Herz von Liebe erfüllt war und der einem armen, hungrigen Kind seine Hilfe erwies. Nie werde ich diese heiße Suppe vergessen, sie hat uns wunderbar geschmeckt. Aber noch schöner war mir der Anblick dieses Offiziers. Er ist mir in Erinnerung geblieben. Das Essen nahmen wir aus Gottes guter Hand an, der uns seine Wunder in schwerer Zeit erleben ließ.

Später, als wir aus der Gefahrenzone heraus waren und als Flüchtlinge in einer Familie liebevolle Aufnahme fanden, durften wir uns sogar an ihren Tisch setzen und wurden bestens versorgt. Diese Menschen erfüllten das Bibelwort aus Jesaja 58,7: „Brich dem Hungrigen dein Brot, und die im Elend ohne Obdach sind, führe in dein Haus. Wenn du einen nackt siehst, so kleide ihn. Dann wird dein Licht hervorbrechen wie die Morgenröte." Gott möge alle, die uns auf der Flucht ihre Liebe bewiesen, reichlich belohnen.

Ein Päckchen Schokolade

Nun war der letzte Tag unserer Bibelwoche angebrochen. Wir hörten noch eine kurze Andacht und dann wurden wir Teilnehmer aufgefordert, aus unserem Leben zu berichten, wie wir in unserem Alltag von Gott Zeugnis ablegen können. Der Bericht von Schwester Magdalene hat mir am meisten imponiert.

In ihrer Freizeit bastelt sie kleine Päckchen, legt ein Stückchen Schokolade hinein und schreibt ein schönes Bibelwort dazu. Jeder von uns erhielt auch solch eine wunderbare Gabe für den Heimweg. Mein Vers stammte aus dem 121. Psalm und lautete: „Meine Hilfe kommt von dem Herrn, der Himmel und Erde gemacht hat.“ Solch eine Zusage macht mich in meinem Herzen glücklich, denn ich kenne immer wieder Tage, an denen mich notvolle Anrufe aus meiner kinderreichen Familie erreichen.

Dieses kleine Päckchen schließt die Diakonisse mit einem Gummibändchen fest zusammen. Später erzählte sie uns noch, wie sie bei Busfahrten, in Arztpraxen oder im Supermarkt mit wildfremden Menschen in ein kurzes Gespräch kommt, ihnen dann ein solch süßes Päckchen zusteckt und ihnen einen gesegneten Tag wünscht.

Ich dachte so bei mir: Das ist ein guter hilfreicher Gedanke, wie man das Mut machende Wort von Gott weitersagen kann. Mich wundert es immer neu, wie Menschen, die Gott lieben und ihm dienen wollen, die Freude an Gott weitergeben. Mich hat Schwester Magdalene sehr froh gemacht und mich ermutigt, es ihr gleichzutun, natürlich auf andere Weise, und Botin für meinen himmlischen Vater zu sein. So liegt bei mir immer ein Stoß von eigenen Büchern bereit, die ich gerne dem Postboten, dem Schornsteinfegermeister oder der Nachbarin weitergebe. Gerne werden die Bücher angenommen und manchmal dringt sogar ein Echo an mein Ohr, wie gerade solch ein Wort vom Vater im Himmel Menschen neu erfreut hat.

Heute kam zum Beispiel ein Ehepaar zu uns, das seinen Sohn besuchen wollte. Er war heimlich von zu Hause ausgezogen, ohne eine Adresse zu hinterlassen. Aber glücklicherweise ergab sich für sie eine Möglichkeit zu erfahren, dass er bei uns wohnte. Für mich war es beeindruckend, die Liebe dieser Eheleute zu sehen. Sie hatten diesen Jungen mit seiner Schwester als Adoptivkind bei sich aufgenommen, als er noch gar nicht schulpflichtig war.

Der Junge entstammte einem schwierigen Elternhaus, in dem es nicht gerade kinderfreundlich zuging. Eines Tages gab ihn seine Mutter zur Adoption frei und so kam der Sechsjährige, in ihre Familie. Die Schwester, die jünger war, fand sich schnell in die neue Umgebung ein, aber für Ulrich wurde es notvoll. Er konnte es nicht verstehen, warum man ihn von seinem Elternhaus und auch von seinen Freunden aus dem Kindergarten getrennt hatte. So ergaben sich in seinem Leben immer wieder Brüche, die aus dieser notvollen Zeit entstanden waren.

Für die Adoptiveltern folgten schwierige Zeiten. Sie gaben sich alle Mühe, sorgten bestens für ihren Sohn, und doch brach er öfter aus der häuslichen Umgebung aus. Alles schien ihm in dieser freundlichen Familie zu eng. Er wollte sich auch nicht an gute

Regeln und hilfreiche Absprachen halten, die Eltern für ihre Kinder aufstellen müssen. So litten sie viel Not und gerieten in große Sorge, wo denn nun ihr Ulrich jetzt untergetaucht sei. Gewiss, inzwischen war er erwachsen, aber die Eltern suchten doch seine Nähe und waren an seinem Weiterkommen interessiert. Aber die Brüche in seinem sehr jungen Leben waren nicht zu heilen. Tief in seinem Wesen steckte eine große Unruhe.

So versuchte ich den Vater und die Mutter zu trösten und sprach ihnen auch meinen Respekt aus, dass sie für ihr Kind so viel Liebe aufgebracht hatten. Ihr Einsatz wird Frucht im Leben von Ulrich bringen, denn Liebe und Opfer können nicht verloren gehen. Jesus sagt selbst: „Wer ein solches Kind aufnimmt in meinem Namen, der nimmt mich auf."

Ich bedankte mich bei ihnen für ihre Offenheit und ermutigte sie, nie die Hoffnung für ihren Sohn aufzugeben. Gewiss, die Enttäuschungen sind groß und manchmal ist es schwer zu verstehen, warum ihr Einsatz für dieses Kind, das von seinen leiblichen Eltern keine Liebe oder gute Erziehung erfahren hatte, nicht erwidert wird. Aber Gott wird ihr Opfer segnen. Es gibt kaum eine Aufgabe, die solch großen Einsatz erfordert wie die Erziehung. Da brauchen Eltern viel Geduld. Das weiß ich aus eigenem Erleben. Aber Gott wird unser Opfer nicht unbelohnt lassen.

Es war mir auch wichtig, den Eltern zu sagen, welch guten Eindruck wir von ihrem Sohn gewonnen haben. Über sein Zimmer hat er sich gefreut und er hat auch öfter unsere Nähe aufgesucht. Einmal wurde er von einer Wespe in die Lippe gestochen. Sie schwoll mächtig an, und so kam Ulrich zu mir. Wespenstiche können böse Allergien auslösen. Das weiß ich von meinen Kindern. Gerade in der Mundgegend können sie zu Atemstörungen und Ängsten führen. Aus eigener Erfahrung wusste ich, wie ich Ulrichs Lippe behandeln sollte. Ich schnitt schnell eine Zwiebel durch und rieb sie ihm über den Wespenstich. Allmählich ging die Schwellung zurück. Darüber war er sehr froh.

Ich riet ihm noch, wenn er draußen mit seinen Freunden am Wochenende bei einem guten Getränk die Sonne auf seiner Terrasse nutzen will, solle er sein Bier nie aus der Flasche trinken, sondern es in ein Glas füllen. So entgehe er der Gefahr, mit dem Getränk auch eine Wespe oder Biene hinunterzuschlucken, die ihm dann sehr gefährlich werden kann. Das Glas sollte er immer abgedeckt auf dem Tisch stehen lassen.

Von seinen Eltern habe ich noch viel über sein Leben erfahren, und mir wurde auch gesagt, dass Ulrich sich gerne immer wieder eine neue Gegend aussucht, in der er seine Zukunft gestalten will. Unstet und flüchtig ist sein Dasein. Nun, da ich weiß, dass sich Ulrich von zu Hause abgesetzt hat, will ich mir Mühe geben, ihm beizustehen und Muttterersatz spielen.

Beim Verabschieden nahm ich die Adoptivmutter in den Arm und tröstete sie: „Ich bewundere Ihre Opferbereitschaft, aber wenn es Ihnen schwer wird, dann denken Sie immer daran: Sie haben mit diesem Kind Jesus in Ihr Leben aufgenommen. Er weiß sicher, wie er Sie in allen Enttäuschungen beruhigen kann."

Aber auch ich erfuhr ihre Anerkennung, als die Mutter zu mir sagte. „Herzlichen Dank, Frau Bormuth, dass unser Ulrich ein so schönes neues Zuhause bei Ihnen gefunden hat. Wir wissen das zu schätzen." Dann überreichte sie mir noch eine Flasche Traubensaft und ein Alpenveilchen.

Die gestohlenen Kreuze

Ein junger Mann erzählt mir seine Erfahrungen nach der Wende:

Die Erinnerung ist ein großes Geschenk. Kein Mensch kann sie uns aus dem Gedächtnis herausreißen. Damit habe ich kurz nach der Wende in der DDR Bekanntschaft gemacht. Eine Räuberbande hatte sich auf den Weg begeben, um aus unserem Gotteshaus wertvolle Bilder und das Kreuz auf dem Altar zu stehlen.

Eines Tages erhielt ich den Anruf eines solchen Gangsters, der mir ein verblüffendes Angebot machte. Der Dieb forderte von mir eine hohe Geldsumme. Im Gegenzug würde er mir dann verraten, wo die gestohlenen Gegenstände zu finden seien.

Natürlich ging ich nicht auf dieses Angebot ein und teilte ihm unmissverständlich mit, dass er sich dieses verbrecherische Angebot abschminken könne. Mit dieser Antwort hatte der Gauner nicht gerechnet.

Es folgten in den kommenden Tagen noch einige Anrufe und schließlich teilte mir der Ganove mit, er wäre bereit, mir den Verwahrungsort des Diebesgutes preiszugeben. Dort könnten die wertvollen Gegenstände in Empfang genommen werden und an ihren Ort zurückgebracht werden. Alles müsste heimlich geschehen und die Polizei dürfe nicht eingeschaltet werden. Sonst hätte ich mit bösen Folgen zu rechnen. In einem entfernt liegenden Waldgebiet sollte der Treffpunkt sein. Das war mir doch zu gefährlich und ich lehnte den Vorschlag ab.

Aber dann erhielt ich einige Tage später wieder einen Anruf. Das neue Angebot lautete: „Fahren Sie mit Ihrem Auto am angegebenen Abend um 22 Uhr vor Ihre Garage. Dann wird ein Mann kommen, zu Ihnen ins Auto steigen und Sie in ein anderes Waldgebiet lotsen."

Mit gemischten Gefühlen ließ ich mich darauf ein. Zu Recht fragte ich mich: Soll ich diesem fremden Ganoven wirklich schutzlos ausgeliefert sein? Waren es diese sakralen Gegenstände wert, sich solchen Gefahren auszusetzen und dabei seinen Kopf zu riskieren? Konnte diese Nacht-und-Nebel-Aktion wirklich Gottes Wille sein? Aber dann wurde mir bewusst, dass es hier um mehr als nur um materielle Werte ging. Ich wurde an meinen gekreuzigten Herrn erinnert, und den wollte ich nicht den Dieben überlassen. Ich wurde bereit, mich auf dieses Wagnis einzulassen, und musste dabei an Christen denken, die unter Verfolgung leiden, weil sie für den Namen Jesu Christi eingestanden sind und Mut bewiesen hatten. Nun galt es, etwas zu wagen.

Diese Überlegungen gaben mir Ruhe ins Herz und ich konnte in der folgenden Nacht fest schlafen. Mir war klar, dass es mir bei diesem Unternehmen allein um Gottes Ehre ging. Es kam dann zu dem ungewöhnlichen Treffen. Ein kräftiger, vermummter und bulliger Typ stieg zu mir in den Wagen. Ziemlich wortkarg gab er mir die Anweisungen, wie ich zu fahren hätte, und schon bald waren wir in einem Waldgebiet angelangt. Mir wurde es plötzlich recht mulmig zumute. Noch nie war ich in einem solch aufgeregten Zustand Auto gefahren. Schließlich sah ich die gestohlenen Kreuze und Bilder im Scheinwerferlicht unter einem hohen Baum liegen. Ich hielt an und mein Beifahrer stieg aus. Er forderte mich auf, das gestohlene Diebesgut ins Auto einzuladen, und hielt dabei seinen Blick die ganze Zeit fest auf mich gerichtet. Das ließ mich vermuten, dass wir nicht allein an diesem Ort waren. Dann fuhren wir wieder heimwärts. Auf der Rückfahrt erfolgten wieder wortkarge Anweisungen. Sonderbarerweise war mir jetzt mit den gestohlenen Christusbildern im Kofferraum wohler zumute. Das konnte ich mir gar nicht erklären.

Plötzlich befahl er mir anzuhalten. Der vermummte Beifahrer sprang aus dem Wagen und verschwand im Gebüsch.

In der folgenden Nacht fand ich keinen Schlaf. Voller Freude musste ich Gott danken, dass es mir gelungen war, der Kirche das gestohlene Gut wieder zurückzugeben. Am nächsten Morgen überbrachte ich dem Ortspfarrer alle wertvollen Gegenstände.

Wenn ich heute daran erinnert werde, schlägt mir mein Herz kräftiger. Mich lässt die Frage nicht los, was denn die Diebe bewogen haben könnte, das gestohlene Gut einfach so an uns zurückzugeben.

Einige Wochen vergingen, dann erhielt ich die Antwort auf meine Fragen. Wieder rief mich der Unbekannte an. Er hatte vor Kurzem einen schweren Unfall erlitten. Das Auto hatte nur noch Schrottwert. Er aber war noch glimpflich davongekommen. Seine Verletzungen heilten schnell wieder ab. Darin sah er ein ernstes Reden Gottes und er gelobte Gott, die zehn Gebote zu halten. Nie mehr wollte er sich fremdes Gut aneignen, wie er es bei seinem Raub getan hatte. Er fühlte, dass der Unfall Gottes Reden war.

Es ist erstaunlich, wie sich Gottes Wirken zeigen kann, nicht nur beim Dieb, sondern auch bei mir. Nach der Wende überkam mich oft die Angst, was die neue Zeit für uns ehemalige DDRler bringen mag. Für mich bedeutete der Fall der Mauer eine kolossale Veränderung. Ich musste mich beruflich total umstellen. Dabei wurde mir bewusst: Das Christusbekenntnis ist nur möglich, wenn ich Gott völlig vertraue. Werde ich den Mut zu solchem Glauben haben?

Mir wurde auch gewiss, dass Gott keine Fehler macht. Er kann uns vor dem Schlimmsten bewahren. Wir brauchen uns vor einem Martyrium nicht zu fürchten, denn Christus lebt, und wir mit ihm!

Unsere Babuschka

Ein Soldat berichtet aus der Gefangenschaft in Russland von einem eindrucksvollen Leben. Unsere Babuschka arbeitete bei Regen und Sonnenschein, bei eisigem Frost und kaltem Wind mit uns auf der Verladerampe nördlich von Moskau etwa 500 Kilometer von der Hauptstadt entfernt. Wir liebten diese alte Mutter, deren Gesicht viele Furchen aufwies. Sie hatte aber ein so freundliches Aussehen, dass wir sie einfach schätzen mussten. Manchmal blickten ihre Augen müde und matt in diese Welt, als ob sie dachte: „Was soll ich eigentlich noch auf dieser Erde?" Diese alte Frau war für uns wie unsere Großmutter zu Hause. Bald würde sie das biblische Alter erreicht haben. Wenn wir Kriegsgefangenen unsere schweren Loren zu ihr hinaufgeschoben hatten, die wir im großen Kesselhaus vollgeladen hatten, und ihr einen guten Tag wünschten, dann lächelte sie zu uns freundlich zurück. Es war Schwerstarbeit, die wir leisten mussten, und die heißen Schlacken raubten uns fast die wenigen Kräfte, die wir noch besaßen. In die großen Waggons mussten sie geladen werden. Eine stinkende und dreckige Wolke stieg dann gen Himmel und verpestete uns die Luft.

Ab und an war uns auch eine kurze Rast gegönnt, denn die Arbeit war mordsschwer. Dann nutzten wir die Zeit, um mit unserer Babuschka ins Gespräch zu kommen. Sie lebte schon lange allein und durfte auch nicht mehr in ihre Heimat in den Süden Russlands zurückkehren. Wie wir musste auch sie Schwerstarbeit leisten, obwohl sie schon älter war. Sie war froh, dass ihr noch ein kleiner Verdienst geblieben war, denn von was hätte sie sonst leben können. Eng fühlten wir uns mit ihr verbunden.

Auch sie wurde – genauso wie wir – von der Sehnsucht nach der Heimat gequält. Einsam und still war es um sie geworden und in ihrem Herzen plagte sie das Gefühl der Verlassenheit, genau wie uns auch. Oft schaute sie sich während eines kurzen Gesprächs ängstlich um, ob sie wohl von einem Aufseher beobachtet würde. „Dawei, dawei!" (schnell schnell!), wurde sie manchmal angeschrien. Dann griff sie flott wieder zu ihrer Schaufel und strengte sich mächtig an, obwohl sie schon recht erschöpft war. Die Schlacken, die auf der Laderampe liegen geblieben waren, schippte sie dann eifrig auf die Waggons. Wir aber fuhren mit unseren leeren Loren zum heißen Kesselhaus zurück.

An einem Tag wurden wir zu einer Kolchose abkommandiert, die auch zu diesem Textilwerk gehörte. Hier sollten wir Tomaten einpflanzen. Wir hofften, dass wir nun einen besseren Arbeitsplatz gefunden hätten. Die Arbeit dort würde uns an die Bauernhöfe in der Heimat erinnern, von deren fruchtbaren Gemüse- und Getreidefeldern keiner abends hungrig nach Hause trottete. Vielleicht könnten wir uns dann auch an den reifen Tomaten im Herbst satt essen. Etwas schneller als sonst marschierten wir in unseren Strohschuhen zu dem Gemüseland. Unendlich weit war der Acker. Unsere Aufseher verteilten an jeden von uns die abgezählten Pflanzen und setzten unsere Arbeitsnorm fest. So war es auch auf der Laderampe gewesen, wo die Steine gezählt wurden, die der Handwerker am Tage vermauern musste.

Nun standen wir in kleinen Gruppen auf dem Feld und steckten vorsichtig die zarten

Pflanzen in den Boden, so wie wir es zu Hause bei unserer Mutter auch getan haben. Ein Kamerad grub die Löcher aus, ein anderer holte in einem Eimer das Wasser aus einem kleinen dahinplätschernden Bach, der dritte goss das Wasser in die vorbereiteten Löcher, der vierte setzte die Pflanzen sorgfältig in die Erde, und zum Schluss mussten alle Pflanzen noch angegossen werden.

Nebenan war eine Gruppe von Russen mit der gleichen Arbeit beschäftigt. Unter ihnen gab es viele Frauen. Auch ihnen war eine Tagesnorm zugedacht worden. Aber wir merkten, dass nur ganz selten einer aus ihrer Gruppe Wasser holte. Während wir noch mehrere Stunden mit dem Pflanzen beschäftigt waren und auf unseren Knien herumrutschten, gingen die andern schon nach Hause.

Nun schickte die Sonne an diesem heißen Tag ihre Strahlen über das Land. Endlich hatten auch wir unser Pensum an Arbeit geleistet. Weil wir unsere Norm so gut erfüllt hatten, erhielt jeder von uns als Belohnung noch ein Viertel Liter Milch. Sie schmeckte uns sehr gut und wir tranken sie recht gierig, waren wir doch sehr durstig. Endlich konnten auch wir hungrig und müde zurück in unser Lager marschieren. Unsere Knie waren von der Arbeit ganz wund und sie schmerzten heftig. So vergingen drei Tage.

Am vierten Tag mussten wir wieder unsere Loren füllen und kehrten zu der Verladerampe zurück. Dort trafen wir unsere Babuschka. Sie stützte sich auf ihre Schaufel. Diesmal kam sie uns sogar entgegen und half uns, die Lore auf die Rampe zu schieben.

„Heute habe ich eine wichtige Frage an euch“, sprach sie uns an. Aber wir konnten gar nicht recht auf sie eingehen, denn die Arbeit drängte und nur unter großer Mühe gelang es uns, die Lore bis an die Waggons hinaufzuschieben. Aber Babuschka musste ihre Frage unbedingt loswerden und meinte: „Glaubt ihr Deutschen noch an Gott?“

Etwas erstaunt sahen wir uns an und wussten nicht, was wir mit dieser Frage anfangen sollten. „Ja“, äußerte sich einer von uns. „Wir glauben noch an Gott.“

Ganz aufgeregt redete sie weiter auf uns ein: „Jetzt weiß ich auch, warum eure Tomatenpflanzen, die ihr draußen auf der Kolchose gesetzt habt, so gut angegangen sind. Sie stehen aufrecht da und recken ihre Köpfchen der Sonne entgegen. Auf eurer Arbeit ruht der Segen Gottes. Nebenan auf dem Acker sind alle Pflanzen verschmachtet und liegen total verwelkt auf dem Boden." Ganz aufgeregt sprudelten ihr die Worte über die Lippen.

In großer Dankbarkeit denken wir noch heute an unser altes Mütterchen zurück; denn seit diesem Tag brachte sie uns immer einen Laib Brot unter ihrer Schürze versteckt mit. Erst schaute sie sich nach allen Seiten um, damit niemand ihr Tun sah, und dann holte sie das kostbare Brot für uns heraus und steckte jedem von uns ein Stück davon heimlich zu. Dabei leuchteten ihre Augen.

Adresse:
Lotte Bormuth
Sperberweg 8a
35043 Marburg
Tel. 06421/41347